딸의 인생은 10대에 결정된다

딸의 인생은 10대에 결정된다

실비아 림 지음 | 강혜정 옮김

다산에듀

딸의 인생은 10대에 결정된다

초판 1쇄 발행 2008년 6월 23일
초판 2쇄 발행 2008년 6월 30일

지은이 실비아 림
옮긴이 강혜정
펴낸이 김선식
PD 이선아
다산에듀 이선아, 박은정
마케팅본부 곽유찬, 이도은, 신현숙, 박고운
커뮤니케이션팀 우재오, 서선행, 한보라, 강선애, 정미진, 김태수
저작권팀 이정순, 김미영
디자인본부 강찬규, 최부돈, 김희림, 손지영, 이인희
경영지원팀 방영배, 허미희, 김미현, 이경진, 고지훈

펴낸곳 (주)다산북스
주소 서울시 마포구 염리동 161-7번지 한청빌딩 6층
전화 02-702-1724(기획편집) 02-703-1723(마케팅) 02-704-1724(경영지원)
팩스 02-703-2219
이메일 dasanbooks@hanmail.net
홈페이지 www.dasanbooks.com
출판등록 2005년 12월 23일 제313-2005-00277호

필름 출력 스크린그래픽센타
종이 한서지업(주)
인쇄 · 제본 영신사

ISBN 978-89-93285-07-9 43370

이 책을 바칩니다

책 곳곳에서 언급되는 나의 아이들과
손자손녀에게 이 책을 바칩니다.
손녀들이 똑똑하고 부지런하며
다정하고 독립적인 소녀로 자라는 모습을 지켜보는 것,
그리고 손자들이 똑똑하고 부지런하며
다정하고 독립적일 뿐 아니라,
강하고 똑똑한 소녀의 가치를 알고 존중하는
소년으로 자라는 모습을 지켜보는 것은
너무도 흐뭇한 일이랍니다.

실비아 림

미래를 꿈꾸는 소녀들에게

여러분 중에는 자신이 평범하다고 생각하는 친구도 있고 특별하다고 생각하는 친구도 있을 거예요. 농구를 좋아하는 친구나 여럿이 쇼핑하기를 좋아하는 친구, 햇빛 아래 드러누워 책 읽기를 좋아하는 친구도 있겠지요. 어른이 되어 하고 싶은 일을 결정한 친구도 있을 것이고 그렇지 못한 친구도 있을 거예요. 하지만 확실한 사실이 하나 있어요. 여러분은 모두 풍부한 잠재력을 지니고 있다는 사실이에요. 그 잠재력을 최대한 펼쳐 보고 싶지 않나요? 그렇다면 이 책을 계속 읽어보세요.

여러분이 들고 있는 이 책에는 1000명이 넘는 성공한 여성들의 경험에서 나온 여러 가지 성공 비결, 퀴즈, 활동, 조언 들이 실려 있어요. 성공한 여성들은 어린 시절 어떤 생각을 했고, 무슨 일을 했을까요? 어린 시절의 경험이 성공에 얼마나 도움이 되었을까요? 학교에서도 집에서도 칭찬만 받곤 했을까요?

이 책을 통해 여러분은 많은 성공한 여성들이 소녀 시절 스스로 너무 평범하다거나 별 볼일 없는 사람이라고 생각했다는 사실을 알게 될 거예요. 스스로가 너무 진지하다, 너무 주책없다, 너무 으스댄다, 너무 수줍음이 많다, 너무 외톨이다, 너무 심술궂다, 너무 착해 빠졌다, 너무 예쁘다, 너무 못생겼다, 너무 똑똑하다, 너무 멍청하다고 생각했을 뿐 아니라, 주변 어른이나 친구들에게 그런 이야기를 들으며 자란 사람들도 있어요. 하지만 이 소녀들은 모두 자신감과 굳은 마음, 배움에 대한 욕구를 키워 나갔습니다. 나는 그런 소녀들을 '아이캔걸(I CAN! Girl)'이라고 부른답니다. '아이캔걸'들의 경험을 배운다면 여러분도 누구나 '아이캔걸'이 될 수 있어요. 책 곳곳에는 1000여 명의 여성들을 조사하며 얻은 흥미 있는 내용과 인터뷰 내용들이 실려있습니다. 실명을 밝히지 말라고 당부한 여성들도 있어 부득이 가명을 쓰기도 했습니다. 가명일 경우 이름 옆에 *표를 붙였어요. 하지만 이름은 가명이라도 이야기는 분명 실화임을 밝혀 둡니다. 이 책은 각자 다른 환경에서 살아가는 다양한 소녀들을 위한 책이에요. 그래서 읽다 보면 나와 다른 환경에서 살고 있는 사람들의 이야기가 나올 때도 많을 거예요. 나는 남동생이 있는데 여동생을 이야기하는 경우도 있을 테고, 친엄마나 할머니 또는 이모와 함께 사는데 새어머니 이야기가 나올 수도 있겠지요. 하지만 책에 나오는 대부분의 조언과 가르침은 상황에 상관없이 공통적으로 적용될 수 있는 내용입니다.

잊지 마세요! 가족의 형태는 매우 다양합니다. 이 책에서 사용하는 '부모'라는 단어는 집에서 여러분의 생활과 교육을 책임지고 있는 어른을 가리킵니다. 오빠나 언니, 동생은 여러분과 함께 사는 아이들을 가리키지요. 그러므로 혈연관계가 아니더라도 함께 산다면 가족으로 볼 수 있습니다.

이 책은 혼자서 읽어도 좋지만 함께 읽으면 훨씬 재미있답니다. 친구나 선생님, 아빠나 엄마, 할아버지 할머니, 언니와 여동생은 물론이고 오빠나 남동생과 같이 읽어도 좋을 거예요. 책을 같이 읽으면서 서로의 경험을 나눌 수 있으니까요. 경험을 나누다 보면 그동안 멀게만 느꼈던 이모나 삼촌이 여러분과 공통점이 많다는 사실도 깨닫게 될지 몰라요. 시대가 변해도 청소년들이 고민하는 주제 즉, 수줍음, 분노, 외로움, 사랑, 상실감, 불안, 불확실성 등은 변하지 않는 법이니까요.

책을 함께 읽으면서 서로에게 여러 가지 질문을 던지는 방법도 있습니다. 이 책을 함께 읽지 않았다면 물어볼 기회가 없었을 그런 질문이지요. 228쪽부터 실어 놓은 질문들을 참고해 보세요. 만일 더 궁금한 것이 있으면 웹사이트 www.seejanewin.com에 들어가 보세요.

여러분의 친구, 실비아 림

한국의 '아이캔걸'에게

이 책을 읽은 한국의 소녀들이 모두 '아이캔걸'이 되고 싶다는 희망을 품기를 바랍니다. '아이캔걸'은 낙천적이고 유연합니다. '아이캔걸'은 노력과 우정과 긍정적인 태도를 통해 자존감을 키웁니다. 그리고 목표를 달성하기 위해 힘쓸 뿐 아니라, 가족과 친구들도 소중히 여깁니다. '아이캔걸'은 승리와 성공을 좋아합니다. 하지만 패배와 실패가 승리와 성공의 일부라는 사실을 압니다. '아이캔걸'은 인내심을 갖고 다양한 관심사를 탐색하며 새로운 일에 도전합니다. 실수를 하더라도 지나치게 자기를 비판하거나 자신에게 실망하는 대신, 창의적인 해결책을 생각해 내고 꿈을 향해 계속 나아갑니다. '아이캔걸'은 우수한 사람이 되기 위해 최선을 다합니다. 하지만 완벽한 사람이 되거나 늘 일등을 하지는 않아도 된다는 사실을 압니다. '아이캔걸'은 튼튼한 인간관계 속에서 성공적인 경력을 쌓아가는 '아이캔걸'으로 성장합니다. 그리고 아주 작은 일을 통해서라도 우리가 사는 세상을 더 좋은 곳으로 만드는 데 기여하려고 노력합니다. 여러분의 삶이 성공적이고 행복하기를 기원하며, 이 책이 여러분의 삶에 긍정적인 변화를 가져오기를 바랍니다.

2008년 먼 곳에서, 실비아 림

chapter 1

과감히 꿈꿔라

chapter 2

자존감을 키워라

chapter 3

두뇌의 힘을 길러라

chapter 4

사회성을 높여라

chapter 5

재능을 찾아 갈고 닦아라

chapter 6

세상으로 나가라

chapter 7

변화를 두려워하지 마라

chapter 8
역할 모델과 멘토를 찾아라

chapter 9
모든 것은 가족으로부터

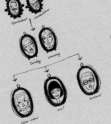

chapter 1

과감히 꿈꿔라

여러분의 미래는 어떤 모습일까요? 해양 생물학자나 수의사, 선생님, 모험가, 연예인이 되어 있을까요? 결혼해서 아이를 키우는 모습을 상상하는 친구들도 있겠지요. 여자 대통령이 되는 야무진 꿈을 꾸는 친구도 있을 거예요.

무엇이든 꿈꾸세요! 여러분 앞에는 빛나는 미래가 펼쳐져 있고, 꿈을 품는 것이 바로 그 미래의 시작이에요. 하지만 꿈꾸는 것만으로는 부족하답니다. 꿈을 현실로 만들려면 행동해야 합니다. '아이캔걸'이 된다는 것은 바로 이런 뜻이지요.

우리가 조사한 성공한 여성들 중 많은 사람은
어렸을 때부터 특별한 꿈을 품고 꿈을 이루기 위해 노력했다.
구체적인 장래희망이 없었던 사람들도 있지만,
새로운 일에 도전하고 최선을 다했다는 점은 다르지 않았다.

무엇이든 할 수 있어!

많은 성공한 여성이 어렸을 때부터 특별한 일을 하겠다는 꿈을 품고 있었습니다. NBC 방송의 기상 캐스터인 재니스 허프는 유치원에 다닐 무렵 날씨를 공부하고 싶다는 생각을 하게 되었답니다. 재니스는 할아버지와 함께 집 베란다에 앉아 폭풍우 치는 모습을 관찰하곤 했지요. 초등학교 3, 4학년 무렵에는 백과사전을 보며 지도를 공부하다 날씨를 예보하는 사람을 '기상 캐스터'라고 부른다는 사실을 알게 되었습니다. 그 순간 재니스는 커서 기상 캐스터가 되겠다고 결심했지요.

캐서린 번스*는 1학년 때는 1학년 선생님, 2학년 때는 2학년 선생님, 3학년 때는 3학년 선생님이 되고 싶어 했어요. 어떤 상황인지 대충 알겠죠? 마침내 대학을 마치고 매사추세츠 공과대학 대학원생이 된 캐서린은 교수가 되고 싶다는 생각을 하게 됩니다. 그리고 결국 교수가 되었지요. 캐서린은 무엇을 가르칠 것인가를 놓고 여러 번 생각을 바꿨지만 학생들을 가르치고 싶다는 꿈만은 결코 바꾸지 않았어요.

성공한 여성들 모두가 어린 시절 꿈을 기억하고 있는 것은 아니에요. 어려서 무엇을 하고 싶어 했는지 기억하지 못하는 사람도 있지요. 미국 항공 우주국의 우주인이자 우주 왕복선 선장인 아일린 콜린스도 그런 사람이에요. 어린 시절 아일린은 학교 성적이 중간 정도인 수줍음 많은 소녀였다고 합니다. 그러던 어느 여름, 캠프에 참가했다가 하늘의 별을 보고, 천문학에 푹 빠지게 되었어요. 그때부터 어른이 되어 별을 가까이서 볼 수 있는 직업이 무엇인지 곰곰이 생각했습니다.

텔레비전 뉴스 진행자인 도나 드레이브스*도 어린 시절 딱히 마음에 둔 직업이 없었습니다. 하지만 뭔가 특별한 일을 하고 싶다는 생각만은 분명했지요. 도나는 지금 하는 일이 즐거울 뿐 아니라 '특별한 일을 하고 싶다'는 어린 시절 꿈도 이루었다고 생각합니다.

여러분의 미래는 여러분이 스스로 상상하고 생각하고 준비해야 합니다. 하지만 커서 무엇이 되고 싶은지 분명하게 모른다고 해서 당황하거나 창피해할 필요는 없습니다. 지금부터 여러분의 재능을 발견하고 키워 나가면 되니까요. 텔레비전 뉴스 진행자인 제인 폴리와 검사인 마사 코클리도 그랬어요. 두 사람 모두 어렸을 때 발표와 토론에 적극적으로 참여했어요. 그래서 결국 말재주가 중요한 직업을 갖게 되었지요. 여러분이 어떤 일에 흥미가 있는지도 중요합니다. 좋아하는 일을 하다 보면 평생 즐기면서 할 수 있는 무언가를 찾을 수도 있지요.

나는 '아이캔걸'일까?

성공한 여성들 중에는 '아이캔걸'이었던 사람이 많았어요. 새로운 도전을 좋아했고 흥미 있는 일에 적극적으로 참여했지요. 또 언제나 긍정적이고 자신 있는 태도를 보였습니다. 하지만 모든 '아이캔걸'들이 처음부터 모든 일에 최선을 다한 건 아니었어요. 후회를 통해 최선을 다하는 법을 배운 사람도 있었지요. 변호사 마사 린드너가 그랬어요. 합창단이었던 마사는 4학년 때 독창을 하고 싶어서 오디션을 받았어요. 하지만 마사는 수줍음이 많았고 노래를 부를 때도 소극적이었지요. 반면 함께 오디션을 받은 친구는 큰 소리로 당당하게 노래를 불렀습니다. 결국 친구가 독창을 하게 되었고, 마사는 당연히 실망했지요. 하지만 그때의 경험으로 최선을 다하지 않으면 기회를 잃는다는 소중한 교훈을 깨달았습니다. 마사는 잘하지 못해서 비웃음을 당하더라도 당당하게 나서는 '아이캔걸'이 되기로 결심했답니다.

여러분의 할머니 세대만 해도 여자가 엄마, 간호사, 선생님 이외에 다른 것이 되겠다고 하면 비웃음을 사곤 했어요. 다행히 지금은 그렇지 않지요. 오늘을 사는 여러분은 무엇이든 할 수 있고 꿈꿀 수 있습니다. 전통적으로 여성이 해 왔던 일도, 전통적으로 남성이 해 왔던 일도, 평범한 일도, 특별한 일도, 어느 쪽이든 꿈꾸고 준비할 수 있어요. 물론 여러분의 꿈과 야망을 대수롭지 않게 생각하는 사람도 있을 거예요. 하지만 여러분의 꿈이 다른 사람들의 꿈과 다른 것은 당연한 일이에요. 나이가 들면서 목표가 바뀌더라도 놀라지 마세요. 상원의원 수잔 대니얼스*는 자기 이름이 투표용지에 오를 거라고 생각해 본 적이 한 번도 없었답니다. 늘 과학 선생님이 되고 결혼해서 아이들을 키울 거라고 생각했지요. '이거다!' 싶은 한 가지를 선택하기 전에 서너 가지 일을 해 본 사람들도 많아요.

대신 무엇이든 하기로 결정하면, 열심히 해 보기로 굳게 결심하고 창의적으로 생각해 보세요. '아이캔걸'이 된다는 것은 바로 이런 뜻이에요.

나는 미국 앨라배마에서 자란 흑인 아이였어요. 내가 어렸을 때 앨라배마에는 인종 차별이 극심했지요. 하지만 나는 '할 수 없다'는 생각은 해 본 적이 없어요. 사실 나는 누구보다 힘든 처지에 있었지요. 그래도 '할 수 없다'는 말은 생각조차 하지 않았어요. 내가 결코 쓰지 않는 말이었지요. 남들은 내가 할 수 없다고 말한 것들을 나는 살면서 모두 이루었어요. 그래서 누군가 나에게 나는 할 수 없는 일이라고 말하면 내가 잘하고 있구나 생각하지요.

- 마르바 콜린스, 시카고 마르바콜린스 사립고등학교 설립자

가슴과 머리가 시키는 대로

부모님이나 다른 어른들에게 어렸을 때 꿈이 뭐였는지 물어보세요. 그분들이 이룬 것은 무엇인지, 지금도 이루기 위해 노력하는 꿈이 있는지, 시간이 지나면서 꿈이 어떻게 변해 왔는지 물어보세요. 하지만 어른들의 꿈이 여러분의 꿈이 될 필요는 없다는 사실도 명심하세요. 여러분은 어른들의 뜻을 따를 수도 있고 어른들과는 다른 꿈을 꿀 수도 있어요. 어디까지나 선택의 문제이지요. 여러분의 미래는 온전히 여러분에게 달려 있어요. 정말 흥미진진하지 않나요?

지금 꿈을 향해 나아가고 있나요?

여러분은 '아이캔걸'인가요? 아래에 있는 테스트를 해 보면 알 수 있어요. 자기에게 맞는 보기를 고르고 각 보기에 해당하는 점수를 모두 더하면 돼요. 점수를 다른 종이에 써 놓으면, 다시 한 번 풀 수도 있고 친구한테 풀어 보라고 할 수도 있겠죠? 테스트 결과에 대해서 가까운 사람들과 이야기해 볼 수도 있어요. 하지만 자기 점수를 다른 사람의 점수와 비교하면서 누가 더 잘했는지 따지지는 마세요. 이 테스트에는 이긴 사람, 진 사람이 없습니다. 여러분 모두 최고가 되어 자기 목표를 이루도록 도와주는 수단일 뿐이지요.

1. 자신의 미래에 대해 생각하는 내용을 가장 잘 표현한 보기를 고르세요.
   1 내가 중요하거나 굉장히 멋진 일을 하게 될 거라고는 상상조차 할 수 없다.
   3 어른이 되면 중요한 일을 하고 멋진 취미를 가질 거라고 생각한다.
   2 커서 뭔가 중요한 일을 할 것 같긴 하지만 쉽게 상상이 안 된다.

2. 여러분이 커서 특별한 일을 하게 될 거라고 말했던 어른(엄마, 아빠, 할머니, 할아버지, 이모나 고모, 삼촌, 선생님 등)들의 수를 생각나는 대로 세어 보세요.
   1 한 명   2 두 명   3 세 명   4 네 명 이상

3. 자신이 얼마나 똑똑하다고 생각하나요?
   4 무척 똑똑하다.
   2 평균보다 살짝 아래다.
   3 평균이다.
   1 괴로우니 묻지 마시라.

4. 독서를 얼마나 좋아하나요?
   1 전혀 좋아하지 않는다.
   4 많이 좋아한다.
   3 상당히 좋아한다.
   2 조금 좋아한다.

5. 학교 수업 이외에 하는 활동이나 배우는 것이 몇 가지나 있나요?

0   **없다.**

1   **한 가지**

2   **두 가지**

3   **세 가지**

4   **네 가지 이상**

6. 자신이 경쟁에 어떻게 대처하는지 가장 잘 표현한 보기를 고르세요.

2   **지기 싫다. 지면 화가 나거나 슬프다. 그래서 가끔은 지레 포기한다.**

1   **경쟁이 싫다. 그러므로 이길 수 있다는 확신이 없으면 가급적 피한다.**

4   **경쟁이 좋다. 그러므로 설령 지더라도 계속한다.**

7. 학교에서 발표를 얼마나 자주 하나요?

2   **가끔씩 자발적으로 발표한다.**

4   **발표를 많이 한다.**

3   **평균 수준이다.**

1   **선생님이 시킬 때 외에는 발표해 본 적이 없다.**

8. 자신이 얼마나 독립적인지 가장 잘 표현한 보기를 고르세요.

2   **무엇이든 혼자서 하는 건 싫지만 아무도 없으면 가끔 혼자 한다.**

4   **가끔 혼자 할 일을 생각해 내는 걸 즐긴다.**

1   **친구와 함께 있을 때만 뭔가를 하고 혼자서는 하지 않는다.**

9. 힘든 일을 만났을 때 어떻게 하나요?

1   **힘든 일은 좋아하지 않기 때문에 시도하지 않는다.**

4   **힘든 일이라도 항상 열중해서 열심히 한다.**

3   **꽤 열심히 하지만 너무 어려울 때는 포기하기도 한다.**

10. 자신이 생각하는 방식을 가장 잘 표현한 보기를 고르세요.

4   **좋은 아이디어가 많다.**

2   **좀처럼 좋은 아이디어가 떠오르지 않는다.**

1   **좋은 아이디어가 떠오른 적이 없다.**

3   **가끔 좋은 아이디어가 떠오른다.**

11. 여러분의 친구를 가장 잘 표현한 것을 고르세요.
3 **대부분 좋은 학생이다.**
2 **일부는 좋은 학생이지만, 일부는 그렇지 않다.**
1 **대부분 좋은 학생이 아니다.**

12. 어른들에게 조언을 들을 때 어떤 생각을 하나요?
1 **어른들은 나를 제대로 이해하지 못한다. 그래서 어른들의 말을 무시할 때**
   가 많다.
2 **도움이 되는 조언을 들어도 따르지 않을 때가 있다.**
4 **문제가 생겼을 때 조언해 줄 어른들이 있어 참 운이 좋다고 생각한다.**

결과

솔직하게 물음에 답했다면, 1점이나 2점을 받은 문제도 있고, 3점이나 4점을 받은 문제도 있을 거예요. 3점이나 4점을 받은 것은 여러분의 강점이고 1점을 받은 것은 약점입니다(2점은 중간이라고 봐야겠지요). 점수를 모두 더해 보세요. 결과는 아래와 같습니다.

30점 이상 🐦
여러분 앞에 밝은 미래가 놓여 있습니다. 이 책을 통해 용기와 자신감을 북돋우고 꿈을 향해 달려가세요.

15-29점 ➖
꿈을 향해 가는 길에서 몇 번쯤 장애물에 부딪힐 수 있습니다. 이 책은 여러분이 장애물을 만나도 제 길을 잃지 않게 도와줄 것입니다.

14점 이하 🐛
과감히 꿈꿀 수 있도록 변화가 필요한 시점입니다. 이 책은 여러분이 올바른 방향으로 나아갈 수 있도록 도와줄 것입니다.

이 테스트의 목적은 높은 점수를 받는 것이 아니에요. 스스로에 대한 믿음, 성장하고 배우는 능력에 대한 믿음을 갖는 것이 목적입니다. 사람은 실수를 통해 배운다는 사실을 잊지 마세요. 실수가 없다면 배우는 것도 그만큼 줄어들 거예요.

체육 선생님들은 운동보다 인생에 대해 훨씬 많은 것을 가르쳐 주셨습니다. 고등학교 때 체조 선생님은 나를 팀원으로 받으려 하지 않았어요. 내가 충분히 열심히 하지 않는다는 게 이유였지요. "적당히 해서는 안 돼. 모든 걸 걸고 최선을 다하면 훌륭하게 해낼 거다." 선생님 말씀이 옳았습니다. 이후 나는 대회에서 무척 좋은 성적을 거뒀지요. 그건 모두 힘든 노력의 결과였어요.
- 캐서린 콜로웨이, CNN 〈헤드라인 뉴스〉 진행자

저는 푸에르토리코의 시골 마을에서 아주 가난하게 자랐습니다. 아버지는 사탕수수 농장에서 일을 하셨지요. 부모님은 두 분 다 공식 교육을 받지 못했지만 저에게 교육의 중요성과 가치를 심어 주셨습니다. 매일 아침 아버지는 교육이야말로 가난의 굴레를 벗어날 유일한 방법이라고 깨우쳐 주셨습니다. 저는 가난에 자극을 받아 남보다 열심히 노력했고 대학에 가고 전문가가 되어 가족을 먹여 살렸습니다.
- 니디아 벨라스케스, 하원의원

조부모님은 말 그대로 유럽을 걸어서 가로질러 미국에 왔어요. 조부모님이 유럽을 빠져나오지 않았다면 우리 가족은 제2차 세계대전에서 살아남지 못했을 거예요. 조부모님은 완전히 빈털터리로 미국에 왔습니다. 그런 상황이니 부모님은 제대로 교육을 받지 못했죠. 하지만 부모님은 성공하기 위해서는 교육이 중요하다고 생각하셨어요. 아버지는 웨이터로 일하시면서도 딸들을 대학까지 졸업시키셨죠. 국회의원이 되어 나라에 공헌한다는 것은 정말 멋진 일이었습니다.
- 셸리 버클리, 하원의원

꿈을 찾고 이루는 비결

- 🍦 우선 자신의 미래를 상상하고, 생각하고, 준비하는 일이 그리 어렵지 않다는 사실을 알아 두세요.

- 🍦 모든 활동에 마음을 다해 참여하세요. 전부를 걸고 최선을 다하세요!

- 🍦 새로운 도전을 두려워하지 마세요.

- 🍦 포기하지 마세요. 어려울 때일수록 힘을 내세요. "할 수 없어.", "불가능해." 같은 말은 하지 마세요.

- 🍦 자신을 믿고, 앞으로 많은 것을 배울 수 있는 자신의 능력을 믿으세요.

- 🍦 나에게 맞는 흥미로운 일을 찾을 수 있다는 확신을 가지세요.

chapter 2

자존감을 키워라

자존감은 스스로에 대해 갖는 느낌을 말합니다. 여러분의 자존감은 여러분이 미래를 설계하는 일에 큰 영향을 주는 중요한 요소입니다. 자신을 소중히 여기고 자신의 가치를 존중하며 자신의 성취에 만족하고 자신의 능력에 확신을 가진다면, 여러분의 자존감은 건강한 상태입니다. 이런 상태를 자존감이 높다고 부르지요. 자존감이 높으면 새로운 도전을 과감히 받아들이며, 독창적이고 독립적인 강인한 어른으로 자랄 수 있습니다. 훨씬 더 많은 것을 이룰 수 있는 어른이 되는 것이죠.

여러분이 높은 자존감을 지닌 '아이캔걸'이라면, 훌륭한 일을 할 수 있다고 믿고 있을 거예요. 그리고 실수를 했을 때도(실수란 반드시 일어나게 마련이지요) 결코 맥없이 쓰러지지 않을 거예요. 완벽한 사람은 없다는 사실, 실패를 딛고 성공할 수 있다는 사실을 아니까요. 실수를 통해 배우며 성장하는 한 실패는 지나가는 일일 뿐이에요. 이런 생각을 잊지 않으면 용기 있게 자기한테 맞는 선택을 할 수 있답니다.

우리가 조사한 성공한 여성들 중 많은 사람은
자신의 강점과 약점을 잘 알고, 자신의 모습을 있는 그대로 인정했다.
또한 자존감을 다른 사람들의 기준에 의지하지 않았으며,
더 좋은 세상을 만들기 위해 자신을 발전시켰다.

나의 자존감 평가하기

누구나 가끔 자신감을 잃을 때가 있습니다. 그렇다고 해서 여러분의 자존감이 낮은 것은 아닙니다. 다만 욕심만큼 하지 못하는 일, 혹은 다른 것보다 못하는 일이 있다는 것일 뿐이지요. '반에서 가장 똑똑한 학생', '가장 인기 있는 학생' 또는 '최고의 운동선수'가 되고 싶은가요? 하지만 최고가 아니라고 속상해할 필요는 없어요. 다른 아이들도 대부분 여러분과 같다는 사실을 떠올리세요. "그 애들은 그 애들대로, 나는 나대로 강점이 있는 거지" 하고 생각하며 어깨를 한번 으쓱하고 끝낼 수도 있겠지요. 아니면 자신에게 정말 중요한 영역에서 더욱 잘하도록 노력하자고 의지를 다질 수도 있을 거예요. 어느 쪽이든 일단 마음을 먹으면 최선을

나는 마음이 초조하다 싶으면, 자리에 앉아 종이에 긍정적인 말들을 쓰고 종이를 화장대 옆에 붙여 둡니다. 아침에 일하러 가기 전에 그 종이를 보지요. "나는 일을 잘한다." "나는 내 목표를 지지한다." "다른 사람에게 도움을 청할 수도 있다." 이런 긍정적인 말들을 보면 내 안으로 깊숙이 들어가 올바른 길을 찾은 것 같은 느낌이 듭니다. 그리고 긍정적인 태도로 문제를 해결할 수 있다는 자신이 생깁니다.
때로는 성공한 내 모습을 그려 보기도 합니다. 야외 학습장에서 진행되는 리더십 수업에서 배운 방법이지요. 거기서 우리는 밧줄을 잡고 높은 곳에 올라가야 했습니다. 고소 공포증이 있는 나로서는 정말 두렵고 떨리는 일이었지요. 그래서 다람쥐처럼 밧줄 사이를 뛰어다니며 재미있게 노는 상상을 했습니다. 효과가 있더군요. 나는 실패하지 않고 밧줄 오르기를 마쳤습니다. 두려움을 이겨낸 내 자신이 정말 자랑스러웠죠. 성공한 내 모습을 그려 볼 때도 그런 느낌이 든답니다.
- 샬럿 오토, P&G 상무 겸 국제관계책임자

다해야 합니다. 그래야 능력을 키울 수 있으니까요.

여러분이 대부분의 일에 낙담하고 실망한다면 자존감이 낮은 것입니다. 자신이 아무런 재능도 없는 부진한 학생이라고, 아무도 좋아하지 않는 아이, 혹은 누구와도 잘 지내지 못하는 아이라고 생각한다면 문제가 있습니다. 이런 경우에는(샬럿 오토가 했던 대로) 스스로를 긍정하고 지금 모습 그대로 자신의 가치를 인정하는 법을 터득하는 일이 중요합니다. 스스로를 긍정한다는 것은 자기가 지닌 좋은 소질을 찾아내고, 그 소질을 발휘해 자기 자신에 대한 믿음을 가진다는 뜻이지요.

성장이란 자신을 받아들이고, 자신의 문제를 마주 대하는 법을 익히는 과정이기도 합니다. 하지만 어떤 문제가 더 중요한지, 어떤 점을 개선하고 어떤 점을 있는 그대로 받아들일지 판단하려면, 깊이 생각하며 자신의 마음속을 샅샅이 살펴보아야 합니다. 누구한테나 강점과 약점이 있게 마련이라는 사실을 잊지 마세요. 그리고 높은 자존감이 '아이캔걸', 즉 열심히 배우며 성장하는 행복하고 긍정적인 사람이 되는 비결임을 명심하세요.

강점, 약점, 개선점 표 만들기

자신의 강점과 약점을 인정하려면 우선 강점과 약점이 무엇인지 알아야 합니다(당연하겠지요?). 옆쪽에 우리가 인터뷰했던 성공한 여성들이 어린 시절 자신의 모습을 설명한 특성들이 나열되어 있습니다. 목록을 보고 자기에게 해당되는 특성이 무엇인지 생각해 보세요. 키우고 싶은 특성과 그렇지 않은 특성은 무엇인가요?

나의 특성 찾기

아래 특성들 중에 여러분한테 해당되는 것은 무엇인가요?

- ♡ 어른스럽다
- ♡ 발랄하다
- ♡ 예쁘다
- ♡ 으스댄다
- ♡ 책을 좋아한다
- ♡ 머리가 좋다
- ♡ 침착하다
- ♡ 용감하다
- ♡ 자신감이 있다
- ♡ 창조적이다
- ♡ 유별나다
- ♡ 감정적이다
- ♡ 유행에 민감하다
- ♡ 두려움이 많다
- ♡ 남을 따르는 편이다
- ♡ 재미있다
- ♡ 재능이 많다
- ♡ 착하다
- ♡ 즐겁다
- ♡ 열심히 공부한다
- ♡ 미숙하다
- ♡ 독립적이다
- ♡ 상냥하다
- ♡ 게으르다
- ♡ 리더십이 있다
- ♡ 외톨이다

- ♡ 심술궂다
- ♡ 겸손하다
- ♡ 따분하다
- ♡ 완벽주의자다
- ♡ 고집이 세다
- ♡ 인기가 있다
- ♡ 공주 같다
- ♡ 조용하다
- ♡ 반항적이다
- ♡ 모험심이 강하다
- ♡ 어둡다
- ♡ 안정적이다
- ♡ 자기 비판적이다
- ♡ 예민하다
- ♡ 수줍음이 많다
- ♡ 똑똑하다
- ♡ 독특하다
- ♡ 의지가 강하다
- ♡ 재주가 많다
- ♡ 말이 많다
- ♡ 말괄량이다
- ♡ 말썽쟁이다
- ♡ 우울하다
- ♡ 아주 사교적이다
- ♡ 나약하다

이런 특성들 외에도 자신을 잘 나타낸다고 생각하는 표현들을 활용해서 각자의 강점, 약점, 개선점에 관한 표를 만들어 보세요. 만드는 방법은 아래와 같습니다. 카나와 로라가 만든 표를 참고하세요.

1. **35쪽에 나와 있는 표를 복사합니다.** 쓰고 싶은 내용이 많으면 더 넓은 종이에 표를 새로 그려도 좋아요.

2. **강점.** 마음에 드는 자신의 기술, 능력, 성격 혹은 외모 등을 씁니다. 앞에 나왔던 여러 가지 특성을 참고해 보세요.

3. **약점.** 노력해서 고치고 싶은 자신의 약점들을 기록하세요.

4. **개선점.** 약점을 개선할 수 있는 구체적인 방법을 씁니다. 어디까지나 현실적으로 써야 합니다. 키, 피부색, 장애, 생활 여건 등은 바꾸거나 통제하기가 아주 어렵거나 불가능하지요.

5. **받아들일 점.** 여러분이 마음대로 바꿀 수 없는 것, 말하자면 바꾸려고 생각하기보다는 인정하고 살아가는 법을 배워야 할 점들을 쓰세요.

책을 계속 읽다 보면 약점을 개선하는 방법, 바꿀 수 없는 일들을 받아들이는 방법에 대해 좋은 아이디어들을 발견하게 될 거예요. 그런 아이디어가 떠오를 때마다 표를 꺼내 추가해 보세요.

카나의 강점, 약점, 개선점

강점 🎵

글쓰기를 잘한다
독서를 좋아한다
사교적이다
남을 잘 돕는다
끈기가 있다
친구를 잘 이해한다
친구들을 잘 이끈다
학교를 좋아한다
창조적인 생각을 잘한다
친절하다
좋은 언니
얼굴이 꽤 예쁘다
운동을 잘한다

약점 🎺

중간인 과학 성적
중간인 수학 성적
가끔 할 일을 잊어버린다
고집이 세다
수줍음을 약간 탄다

개선점 ☀

과학을 잘하는 마누엘라에게 주중에 보는 쪽지 시험 공부를 같이 하자고 부탁한다
텔레비전을 보면서 수학 숙제 하는 버릇을 고친다
해야 할 일을 적어 둔다
때로 마음을 바꾸어도 괜찮다는 사실을 받아들인다
수업 시간에 큰 소리로 말한다. 사람들 앞에서 말하는 연습을 하기 위해 연극반에 들어가거나 토론반에 들어간다

받아들일 점 😊

내 키(좀 더 컸으면 좋으련만)
가느다란 목소리
곱슬머리

로라의 강점, 약점, 개선점

강점 🎵

노래할 때 목소리가 좋다
남의 말을 잘 들어 준다
미술을 잘한다

약점 🎺

수준 미달 학생이다
외로움을 많이 느낀다
여동생한테 못되게 군다
화를 잘 낸다
남자 애들이 싫어한다
여자 애들이 따돌린다
너무 뚱뚱하다
운동을 못한다

개선점 ☀️

과외를 받는다
교회 성가대에 들어간다
여동생한테 잘 대해 준다
화가 났을 때 숫자 열까지 세고 심호흡을 한다
인스턴트 식품을 적게 먹고 운동을 많이 한다
좋아하는 운동을 찾는다

받아들일 점 😊

당뇨
여동생과 방을 함께 쓰는 것
주근깨

나의 강점, 약점, 개선점

강점 🎵 ....

약점 🎺 ....

개선점 ☀ ....

받아들일 점 😊 ....

강점과 약점 분석하고 이해하기

잠시 카나와 로라의 강점, 약점, 개선점 표를 비교해 보세요. 카나의 표는 강점 목록이 긴 반면, 로라는 아주 짧다는 것을 알 수 있어요. 그리고 로라가 적은 약점과 개선점은 카라보다 많습니다. 로라가 자신과 관련하여 바꾸고 싶은 것이 더 많다는 뜻이겠지요. 그런데 이렇게 많은 점을, 특히나 한꺼번에 고친다는 것은 불가능하지는 않더라도 매우 어려운 일입니다. 어쩌면 로라는 노력하면 할수록 낙담하게 될지도 모릅니다.

로라의 개선점 목록을 꼼꼼히 들여다보면 비슷한 것끼리 묶을 수 있다는 사실을 알 수 있습니다. 예를 들어 '화를 잘 낸다', '동생한테 못되게 군다', '외로움을 많이 느낀다', '다른 아이들이 좋아하지 않는다'는 항목은 모두 사회성과 관련된 항목입니다. 화를 내지 않고 못되게 굴지 않으면, 친구를 사귀기도 한결 수월해지고 그 결과 외로움도 줄어들 것입니다. 이렇게 비슷한 점을 찾아 묶으면, 약점 목록이 짧아져서 노력을 집중할 수 있지요. 또한 문제점을 개선할 방법을 찾기도 한결 쉬워집니다(사회성에 대해서는 4장에서 상세하게 다룹니다).

로라는 자신한테 너무 엄격하지 않은지도 생각해 보아야 합니다. 예를 들면 로라는 스스로를 '수준 미달 학생'이라고 말했습니다. 이 말은 정확히 어떤 의미일까요? 로라는 모든 과목에서 낙제점을 받은 걸까요? 혹시 전과목 A가 아니면 낙제라고 생각하는 걸까요? 모든 과목 시험을 망친 걸까요? 또는 100점을 받지 못하면 망쳤다고 생각하는 걸까요? 과제를 제때 내면 성적이 올라갈까요? 아니면 시험을 더 잘 봐야 할까요? 몇몇 과목에 집중해야 하는 상황일까요? 학원에 다니거나 과외를 받아야 할까요?

자신을 '수준 미달 학생'이라고 낮춰 부르기보다는 노력이 필요한 부분을 정확하게 지적하려고 노력해야 합니다. 그런 다음 도움이 필요하다면 도움을 받을 방법을 부모님이나 선생님과 의논해 봐야 합니다.

이제 카나의 목록을 볼까요? 카나는 강점 목록에 '끈기가 있다'고 쓰고 개선점에 '고집이 세다'고 썼습니다. 이 두 가지는 관련된 성격이에요. 끈기가 있다는 것은 카나가 쉽게 포기하지 않는다는 말이에요. 하지만 고집이 센 것은 문제이지요. 카나는 자신이 고집을 부리는 것인지, 끈기가 있는 것인지 구별하기 위해 노력해야 할 것입니다.

이제 여러분이 만든 목록을 다시 살펴보세요. 함께 묶을 만한 항목들이 보이나요? 자기한테 너무 엄격한 건 아닌가요? 부정적인 측면을 가진 강점, 또는 긍정적인 측면을 가진 약점이 있나요? 있다면 이런 양면성을 이해하는 것이 여러분에게 어떤 도움이 된다고 생각하나요? 약점을 개선하기 위해 강점을 활용할 수 있을까요? 각자의 강점, 약점, 개선점 표를 보면서 이런 질문들을 던져 보세요. 각자의 문제를 새로운 시각으로 보는 데 도움이 될 거예요.

> 모든 아이에게 하고 싶은 조언은 항상 최선을 다하라는 것입니다. 누군가 자신을 보고 있다고 생각하며 최선을 다하라는 것이 아닙니다. 최선을 다하고 항상 빈틈없는 모습을 유지하면 아무도 여러분을 무시할 수 없고, 여러분의 자질을 운운할 수도 없을 테니까요.
> – 데보라 로버츠, ABC 방송 〈뉴스매거진 20/20〉 통신원

완벽주의는 나쁜 걸까?

과학 공부부터 밴드 활동까지, 축구부터 방 청소까지, 모든 일에 최선을 다하는 것은 대개 좋은 일입니다. '아이캔걸'의 성격이기도 하지요. 하지만 하는 일이 어떤 것도 만족스럽지 못하다거나 완벽하지 못한 일은 전부 실패라고 느낀다면 문제가 됩니다. 그건 자신에게 지나치게 엄격한 태도예요. 최선을 다하는 것(가능한 일이지요)과 완벽한 것(불가능한 일입니다)은 아주 다르답니다.

음악가 파멜라 프랭크는 어려서 바이올린을 배웠습니다. 그런데 완벽하게 연주하지 못하면 항상 화가 났다는군요. 파멜라는 여덟 살 때, 할머니 할아버지를 위해 연주하다가 음이 틀리자 골이 나서 침실로 뛰어 들어갔습니다.

"네가 누구라고 생각하는 거냐? 일류 바이올린 연주자 이작 펄만 쯤 된다고 착각하는 거냐?" 부모님은 파멜라를 놀렸어요. 농담처럼 건넨 부모님의 말에는 매사를 좀 더 편안하게 생각하라는 귀중한 충고가 깃들어 있었죠. 파멜라는 실수를 웃어넘길 줄 아는 지혜와 더불어 실수를 통해 배우는 법도 터득했어요.

여러분도 혹시 완벽주의자인가요? 다음 질문을 자기 자신에게 던져 보면 알 수 있어요. 옳은 답, 바람직한 답을 찾으려 하지 마세요. 자신의 현재 상황에 맞는 답을 고르세요.

1. 하는 일이 대부분 만족스럽지 않아 걱정인가요?

2. 자기를 비판하는 일이 자주 있나요?

3. 내가 한 일을 다른 사람이 비판하면 화가 나나요?

4. 성공하지 못할까 봐 새로운 일을 시작하기가 두려운가요?

5. 실수를 하지는 않았을까, 시험 성적이 나쁘지 않을까 날마다 걱정하며 잠자리에 드나요?
6. 최고가 아니어서 어떤 활동을 그만둔 적이 있나요?
7. 마땅한 주제가 떠오르지 않아 숙제를 시작하기가 힘든가요?
8. 주변 누구보다 공부를 열심히 하나요?

"그렇다"라고 대답한 질문이 있다면, 어느 정도 완벽주의 기질이 있는 거예요. 그럴 때는 이렇게 해 보세요.

♡ 자신의 노력을 자랑스럽게 여기세요. 열심히 매달린 과제를 끝마쳤을 때는 끝마쳤다는 사실 자체로 자신의 공을 인정하세요.

♡ 실수를 했거나 다른 사람에게 비판을 받았을 때는 나의 능력을 시험해 볼 기회라고 생각하세요. 그리고 나 자신에게 이렇게 말하세요. "나는 실수를 했어. 하지만 괜찮아. 여기서 배울 수 있는 게 뭘까?"

♡ 학급의 어떤 아이보다 공부를 열심히 한다면 하루에 10분 정도씩 공부 시간을 줄이도록 노력해 보세요. 그래도 성적이 떨어지지 않으면 공부 시간과 성적 사이에 균형점을 찾을 때까지 계속 10분씩 공부 시간을 줄여 나가세요. 도중에 성적이 떨어지면 공부 시간을 다시 그만큼 보충하세요. 열심히 공부하는 습관을 자랑스럽게 여기되 쉬는 시간도 충분히 누리세요.

♡ 조금 어려워 보이는 운동이나 새로운 활동을 시작해 보세요. 모

험을 해 보세요. 최고가 된다는 생각 따위는 하지도 마세요. 시간이 흐르면서 자신이 발전하는 과정을 기록하고 처음 시작했던 때와 비교해 보세요. 달리기를 시작했다면, 속도가 얼마나 빨라졌는지, 얼마나 더 오래 달릴 수 있는지를 계속 기록하는 거예요. 악기를 배운다면 가끔씩 쉬운 곡을 연주하면서 한때는 이 곡이 얼마나 어려웠는지를 떠올리는 것도 좋은 방법입니다.

♡ 성공한 여성들의 이야기를 읽으세요. 그들이 얼마나 많이 실패하고 실수하면서 배웠는지, 어려움에 어떻게 대처했는지 알아보세요.

♡ 친구나 언니 오빠, 동생이 한 일을 칭찬하세요. 특히 그 일이 여

무용은 나에게 훈련과 규율의 중요성을 가르쳐 주었습니다. 연습을 제대로 안 하거나, 예행연습을 게을리 하거나, 너무 늦게 자거나, 너무 많이 먹으면 다음 날 바로 지장이 있습니다. 무용을 그만둔 뒤에 거기서 배운 것들을 다른 영역에 적용했습니다. 나는 이미 무용을 통해 열심히 하는 법을 알고 있었기에 많은 도움이 되었습니다. 하지만 한편으로 무용은 나의 완벽주의 경향을 더욱 강하게 만들었습니다. 완벽주의 경향 때문에 무슨 일이든 저에게는 고통스러운 시련이 되었습니다. 완벽주의자에게는 과정과 발전이 아니라 목표가 중요하지요. 하지만 누가 알겠어요? 내 성격이 느긋하고 늘 다른 가능성을 생각하는 개방적인 사람이었어도 지금의 자리에 도달했을지도 모르지요. 하지만 완벽주의 성향 때문에 위험 요소가 많이 줄어든 것도 사실입니다.

- 재닛 실러, NBC 〈투데이 쇼〉 PD

러분 자신이 하고 싶었던 일일 때는 더욱 칭찬하세요. 다른 사람이 자신의 강점에 만족하도록 도와주는 일이 얼마나 기분 좋은지 몰라요. 다른 사람을 칭찬하다 보면 내가 모든 영역에서 최고일 필요는 없다는 사실을 인정하기가 쉬워집니다.

♡ 과제를 작성한 뒤, 부모님이나 선생님에게 고쳐야 할 점을 글로 써서 알려 달라고 부탁해 보세요. 의견을 적어 준 부모님 또는 선생님에게 감사하는 마음을 가지고, 어떤 점을 받아들일지 결정하세요. 다른 의견이 있어도 괜찮다고, 충고는 여러분을 도우려는 것이지 비판하려는 게 아니라고 자신에게 계속 말해 주세요.

♡ 작문이나 조사 보고서 또는 과학 탐구 과제의 주제를 정해야 할 때는 가능한 한 많은 아이디어를 재빨리 적으세요. 목록이 길어질 때까지는 어떤 아이디어도 비판하지 마세요. 목록을 다 만든 다음 아이디어를 하나하나 평가하고, 가장 좋다고 생각하는 아이디어만 남을 때까지 하나씩 지워 나가세요.

♡ 때로 여러분이 (파멜라 프랭크처럼) 너무 심각하다 싶으면 파멜라의 부모님이 알려 준 방법을 써 보세요. 실수도 웃어넘기는 지혜를 배우는 거죠.

나는 수영부에서 선생님이 보여 주는 수영법을 정확하게 익히려고 최선을 다했어요. 선생님은 평소 나의 완벽주의를 칭찬했고 그런 성격이 수영 선수가 되는 데 도움이 될 거라고 말했어요. 다른 수영부 친구들도 크게 신경 쓰지 않았어요. 나 말고도 완벽주의 성향을 지닌 친구가 몇 명 더 있었거든요.

학교에서도 나는 우등반에 속했고 과제를 완벽하게 마무리하려고 열심이었어요. 언제나 '수'를 받았지요. 선생님은 종종 내 과제에 '완벽하다'고 써 주곤 했어요. 어떤 아이들은 나를 완벽주의자라고 비웃기도 했지만 별로 신경 쓰지 않았어요. 나는 내 성적을 자랑스럽게 생각했거든요.

그런데 집에 내 속을 썩이는 골칫거리가 있었어요. 나는 여동생과 방을 함께 썼는데 동생이 자기가 쓰는 공간을 늘 엉망으로 어질러 놓는 거예요. 동생의 지저분한 습관 때문에 너무 괴롭고 신경이 쓰였어요. 방을 치우라고 하면 동생은 나더러 완벽주의자라고 하면서 크게 화를 냈어요. 내가 깔끔한 게 싫은 것 같았어요. 엄마가 동생더러 어질러진 물건을 정리하라고 할 때도 동생은 내 완벽주의를 탓했죠.

나는 완벽주의의 장점과 단점, 이득과 손실을 따져 봤어요. 일을 훌륭하게 마무리하면 기뻤고, 주변 사람들이 내 일을 칭찬하면 자부심을 느꼈죠. 하지만 다른 아이들이 나와 비교를 받아서 피해를 보는 경우가 있었어요. 그게 내 잘못은 아니었지만요. 나만큼 잘하지 못했다고 꾸지람을 들은 아이들은 나한테 화가 나는 모양이에요. 물론 나는 그 아이들을 깎아 내리려고 그런 게 아니라 내 목표를 높이 잡았을 뿐이에요. 나는 정말로 완벽하게 해야 하는 일과 좀 느슨하게 해도 좋은 일을 구별하기로 했어요. 그러면 방을 치우는 일로 동생을 그렇게 닦달하지 않을 수도 있고, 동생이 엄마한테 꾸지람을 듣지 않을지도 몰라요. 완벽주의를 억누르고 느슨해지는 것이 쉽지 않았지만 노력했어요. 완벽하게 깔끔한 방은 우수한 성적만큼 중요하지는 않으니까요. 어쩌면 동생과 좀 더 편안하게 지낼 수 있을 거예요.

- 카일라

친구들이 나를 싫어하면 어쩌지?

사람은 누구나 친구, 가족, 선생님의 지지를 필요로 합니다. 우리 삶에서 중요한 인물들은 우리가 스스로를 어떻게 생각하는지에도 영향을 미치지요. 그런데 때로 아이들은(그리고 어른들조차도) 스스로 만족하는 것보다 다른 사람의 기분을 맞추는 데 더 신경을 씁니다. 이런 경우에는 남의 비판을 받아들이기가 아주 힘들어요.

자신에 대한 다른 사람의 생각에 지나치게 신경을 쓰면, 다른 사람이 자신의 자존감을 북돋워 주기를 기다리게 되지요. 하지만 모든 사람을 항상 기쁘게 할 수 있는 사람은 없어요. 부모님도, 선생님도, 친구도, 학교에서 가장 인기 있는 아이도 그렇게는 할 수 없어요. 가수나 운동선수, 유능한 지도자도 모든 사람을 항상 기쁘게 하지는 못하지요. 생각해 보세요. 여러분 친구의 옷이 항상 마음에 드나요? 부모님이나 선생님이 하는 모든 이야기에 항상 동의하나요? 다른 사람을 비판해 본 적이 있지 않나요? 큰 소리로 말한 적은 없더라도 머릿속에서 한 적은 있을 거예요. 의견 차이는 언제나 일어날 수 있는 아주 자연스럽고 정상적인 현상이에요. 누구나 각자의 관점이 있으니까요. 여러분 자신을 포함해서 모두가 그렇답니다. 여러분이 남한테 호의적이고 상냥하고 남을 배려하는 편이라면, 있는 그대로의 자기 모습에 만족할 줄도 알아야 해요. 비록 다른 사람의 기대를 만족시키지 못한다고 해도요. 여러분이 자신에게 만족하면, 여러분이 사귀는 친구도 여러분을 좋아할 가능성이 높아집니다.

자신의 가장 좋은 친구가 되세요. 그리고 자신을 도와주고 지지해 주세요. 일단 스스로를 가치 있는 사람으로 인정하면, 점심을 혼자 먹게 되거나 생일파티에 초대받지 않아도 크게 낙담하지 않을 수 있어요. 그리고 여러분을 옳지 않은 길로 이끌려는 친구들과 어울릴 가능성도 낮아지지요. 비판을 정중하게 받아들이기도 훨씬 쉬워질 것이고, 무례한 험담을 가볍게 털어 버리기도 한결 쉬워질 거예요. 여러분이 스스로 최선을 다했고 하루하루 성장하며 발전하고 있다면 다른 사람이 뭐라고 하든 상관없어요.

> 만약 당신이 지도자의 자리에 있다면 하루를 마감하면서 결정을 내려야 할 사람은 바로 당신입니다. 그러므로 자신의 결정을 분석하고 신뢰하고 지킬 수 있어야 합니다. 다른 사람의 언어로 자신을 규정해서는 안 됩니다.
> **- 크리스틴 토드 휘트먼, 미국 환경보호국 국장, 전 뉴저지 주지사**

비판을 받더라도 무조건 좌절하지 마세요. 대신 세상에 완벽한 사람은 없고 모든 사람을 만족시킬 필요도 없다는 사실을 떠올리세요. 그리고 비판하는 사람의 동기를 헤아려 보세요. 아래 질문들을 스스로에게 던져 보면, 동기가 무엇인지 알아내는 데 도움이 될 거예요.

♡ 나를 도우려는 비판일까, 해치려는 비판일까?
♡ 여기서 내가 배울 것은 없을까?
♡ 일하는 방법을 바꿔야 할까?
♡ 비판을 무시해야 할까?
♡ 나를 비판한 사람한테 내 생각을 말해야 할까?

만일 그 비판이 사실과 다른 데다, 나쁜 의도에서 비롯된 거라면 여러분은 당연히 무시하고 싶을 거예요. 더구나 남을 자주 괴롭히고 잔인한 말을 내뱉는 아이가 한 비판일 때는요. 그 아이의 의견에 신경 쓰지 않는 모습을 보여 주세요. 단, 그 아이에게 괴롭힘을 당해서 위험하다는 느낌이 들면 부모님이나 선생님, 또는 다른 어른에게 곧장 이야기해야 해요.

부모님이나 친한 친구처럼 여러분을 아끼는 사람이 한 비판이라면 상대가 무슨 말을 하려고 하는지 진지하게 생각해 봐야 합니다. 거기서 배울 것은 없는지 곰곰이 생각해야 하지요. 진정한 친구라면 일부러 서로를 다치게 할 말을 하지는 않을 테니까요. 부모님을 포함해 여러분을 진심으로 아끼는 다른 사람도 마찬가지예요. 그러므로 정직하게 자신을 돌아보고 비판한 사람이 문제 삼는 것이 무엇인가를 알아내야 합니다. 그러고 나서 여러분이 그 의견에 동의할 것인지 결정하면 돼요.

> 미국에서 흑인 소녀로 자란 경험은 여성으로서 나에게 헤아릴 수 없을 만큼 도움이 되었습니다. 수많은 거절을 경험하면서 나의 가치를 남에게 의존하지 않는 법을 날마다 배웠으니까요. 남이 나를 받아들이느냐, 마느냐는 내가 가치를 측정하는 수단이 될 수 없습니다.
> **- 알렉사 캐너디, 신경외과 의사**

누군가의 비판이 완전히 틀린 말은 아니라고 해도, 부정적인 표현 ("다이어트 할 생각은 없어?" "그렇게 으스대지 좀 마!" "폭탄 맞은 방 같은데! 재해 지역으로 선포해야겠어")이 들어 있다면, 그 말 때문에 비참해할 필요가 없습니다. 그럴 때는 자신에게 이렇게 말하세요. "내 친구라고 해서 무조건 내 머리 모양을 좋아할 필요는 없지. 그래도 방법을 좀 생각해 봐야겠다. 새 머리에 익숙해질 때까지 며칠 기다려 보자. 그러고 나서 어떻게 할지 결정해야지." "쓰레기를 내놓지 않아서 엄마가 화가 많이 나셨어. 엄마가 요즘 상당히 스트레스를 받고 계시니까, 엄마 말을 너무 감정적으로 듣지 않도록 노력해야지."

그걸로 충분하지 않으면 일단 감정이 차분해질 때까지 기다리세요. 그리고 상대방에게 그들의 표현에 대한 여러분의 생각을 이야기하세요. 말하기 어려우면 편지를 써도 좋아요.

사랑하는 아빠께

제가 아빠 무지 사랑하는 거 아시죠? 하지만 요전처럼 저를 게으름뱅이라고 부르는 건 너무 싫어요. 제시간에 개 먹이를 주지 않은 건 죄송해요. 하지만 그다음부턴 제대로 했답니다. 어쩌다가 먹이 주는 걸 잊어버렸다고 저를 게으름뱅이라고 부르는 건 너무한 것 같아요. 아빠가 저한테 완벽하기를 요구하는 건 아닐까 싶어서 너무 속상하답니다. 나중에 여기에 대해 이야기를 해도 될까요? 가끔 실수를 했을 때 아빠가 그렇게까지 화를 내지 않았으면 좋겠어요.

- 사랑하는 캐리가

이렇게 편지를 썼는데도 엄마나 아빠가 여러분이 할 일을 깜빡했다고 여전히 화를 낼지도 모릅니다. 가까운 친구가 여러분이 너무 으스댄다고, 혹은 여러분과 어울리는 다른 친구가 맘에 안 든다고 말할 수도 있어요. 하지만 희망을 갖고 그 말이 여러분한테 얼마나 상처가 되었는지 말하세요. 그러면 상대방이 여러분의 감정을 좀 더 존중하고, 말할 때 좀 더 신경을 쓰게 될 거예요. 이래도 효과가 없다면 즉, 아무리 잘하거나 노력해도 누군가 항상 부정적인 이야기만 한다면 믿을 만한 어른한테 도움을 청해야 합니다.

잊지 마세요. 가장 똑똑한 사람이 아니어도 여러분은 똑똑한 사람이에요. 가장 인기 있는 사람이 되지 않고도 친구를 사귈 수 있고요. 최고가 되지 않고도 운동을, 음악을, 미술을 잘할 수 있답니다. 메모지에 이런 글을 써서 거울에 붙여 놓는 것도 좋은 방법이에요. "나 자신을 좋아하기 위해서는 완벽해질 필요도, 모든 사람한테 사랑받을 필요도 없어. 나는 '아이캔걸'이니까!"

남자친구 때문에 내 자존감이 좌우된다면

당장은 이성 친구를 사귀는 데 큰 관심을 보이지 않는 아이들도 있어요. 반면 어떤 아이들은 깊은 관심을 보이지요. 이성에 대한 관심은 몸이 성장하는 정도와 관련이 있어요. 몸은 호르몬이나 뇌 발달 정도 등을 통해 언제쯤 이성에 관심을 가질지에 영향을 미칩니다. 발달 정도는 사람에 따라 각기 다르지요.

보통 여자 아이들이 남자 아이들보다 일찍 성숙합니다. 말하자면 남자 아이들의 몸과 감정이 비슷한 신호를 보내기 전에 여자 아이들의 몸과 감정이 먼저 이성에 관심을 가지라는 신호를 보낸다는 거죠. 그러므로 얼마나 많은 남자 아이가 여러분을 좋아하느냐에 따라 자존감이 좌우된다면 자존감이 높아지기는 어려울 거예요. 멋진 남자 아이들 중 일부는 아직 여자 아이의 존재조차 깨닫지 못할 수 있거든요. 어떤 남자 아이들은 고등학교 또는 대학에 갈 때까지 이성 친구를 사귀는 데 관심을 갖지 않아요. 일부는 영원히 여성에게 이성으로서 관심을 갖지 않지요. 물론 남성에게 영원히 이성으로서 관심을 갖지 않는 여자들도 있고요. 어떤 남자 아이는 자기보다 똑똑하지 않다 싶은 여자 아이한테만 관심을 가집니다. 깡마른 아이, 머릿결이 좋은 아이, 키가 큰 아이한테만 관심을 가지는 남자 아이들도 있지요. 이렇게 단순히 겉모습만 보고 여자를 판단하는 남자는 자칫 여러분을 다치게 하고 여러분의 자존감을 떨어뜨릴 우려가 있어요. 여러분의 전체가 아니라 사소한 부분에만 관심을 집중하기 때문이지요.

남자 친구를 사귀는 일을 너무 서두를 필요는 없습니다. 훨씬 나이가 들 때까지 다른 일에 집중하는 소녀들도 있어요. 〈레드북〉 잡지

5학년 무렵, 여자 아이들은 남자 아이들한테 푹 빠져서 따라다니고, 남자 아이들 집에 놀러가곤 했습니다. 나는 여자 애들이 왜 저렇게 남자 애들한테 빠져 있는 건지 이해가 되지 않았어요. 나는 깡마르고 키도 작고 전체적으로 발육이 늦었기 때문에 감성도 달랐던 것이지요. 나는 또래 아이들에 비해 거의 1년 정도는 발육이 늦은 상태였어요. 아이들은 브래지어를 입고 방취제를 사용하기도 했지만, 나는 가슴이 평평해서 그냥 속옷만 입었지요. 너무 걱정한 아버지가 나를 병원에 데려가서 엑스레이를 찍어 볼 정도였습니다. 고등학교를 마칠 때까지도 나는 발육이 부진한 상태였어요.
- 레슬리 시모어, 잡지 〈레드북〉 전 편집장

의 전 편집장인 레슬리 시모어는 거의 열일곱 살이 되어서야 남자 친구와 데이트할 생각을 했지요.

남자 친구를 사귈 준비가 되었다고(혹은 거의 되었다고) 생각되면 관심을 공유할 수 있는 사람, 여러분 자체를 진정으로 알고자 하는 사람을 찾으세요. 그 아이의 관심을 끌기 위해서 아래와 같은 행동을 해야 한다면, 결코 여러분한테 좋은 남자 친구가 아닙니다.

♡ 원래의 나보다 덜 똑똑하고 재능도 부족한 것처럼 꾸민다.
♡ 살을 빼고 화장을 하고 섹시해 보이는 옷을 입는다.
♡ 술을 마신다.
♡ 담배를 피우거나 약물을 사용한다.
♡ 속으로는 하고 싶지 않은데도 키스를 하거나 스킨십을 허용한다.

이성 친구를 사귀게 되면 들뜨고 흥분해서 분별 있게 행동하기가 쉽지 않지요. 하지만 '아이캔걸'로서 현명하게 행동하도록 노력해야 합니다. 여러분의 자기 존중, 확신, 관심이 우선이에요. 다른 사람이 여러분을 소중하게 여겨 주기를 바라면, 무엇보다 먼저 스스로 자신을 소중하게 여겨야 합니다.

지나친 자존감

"나는 뭐든지 잘하는 대단한 사람"이라고 생각하나요? 어쩌면 자신에 대해 과장된 생각을 하고 있는 건지도 몰라요. 자기가 가장 예쁘고, 똑똑하고, 운동도 잘한다고 생각하는 아이들은 친구들을 힘들게 할 수 있어요. 더구나 이런 아이가 다른 사람을 얕잡아 보는 걸 멋지다고 생각하기까지 하면 더욱 힘들죠. 이런 아이들은 친구와 사이좋게 지내지 못하고, 사람들을 계속 멀어지게 만들곤 해요.

여러분이 정말로 뛰어난 사람이라고 해도(창의적이거나 머리가 좋거나 성공했다고 해도) 세상 어딘가에는 여러분보다 더욱 뛰어난(더욱 창의적이거나 머리가 좋거나 성공한) 사람이 항상 있다는 사실을 명심하세요. 아직까지 그런 사람을 만나지 못했을지도 모르지만 언젠가는 만나게 될 거예요. 만약 여러분의 자존감이 오직 자신만이 최고라는 믿음에 토대를 두고 있는데, 나중에 자기보다 더 대단한 사람을 만나면 어떻게 될까요? 당연히 여러분의 자존감은 크나큰 위험에 빠지게 되겠죠. 그리고 곧 그때까지 했던 생각을 바꿔야겠지요. 자신이 최고도 아니고 완벽하지도 않다는 생각에 익숙해질 때까지 어색함과 혼란, 슬픔을 경험하게 될 거예요.

하지만 자신의 재능에 자부심을 가지면서도 겸손한 사람이 될 수 있어요. 열심히 공부해서 훌륭한 성적을 거두고, 과장하거나 허풍 떨지 않고도 자신의 재능에 기뻐할 수 있지요. 그런 사람의 자존감은 자신의 실제 모습에 토대를 두고 있어요. 그러면 자기 능력을 보여 주어도 다른 사람의 감정을 상하게 하지 않지요. 또 다른 사람이 성공하는 모습을 보아도 상처받지 않을 거예요. 오히려 다른 사람의 성취를 칭찬하는 일이 정말 기분 좋은 일이라는 것까지 깨닫게 될 것입니다.

모험하고, 헌신하고, 성과를 이루도록 소녀들을 자극하고 격려해야 합니다. 사회의 핵심 구성원이 되기 위해 끊임없이 노력할 용기를 갖도록 소녀들을 가르쳐야 합니다. 소녀들을 가르치는 일은 제가 사회에 기여하고 싶은 중요한 부분이기도 합니다.
- 수잔 르마지, 산부인과 의사

있는 그대로의 나

모든 사람이 완벽하다면 세상이 얼마나 따분할지 상상해 보세요. '결점'이 없으면 뭔가 새롭게 배울 필요도 없을 거예요. 더욱 발전하고 성장할 방법을 고민하는 사람도 없겠지요. 하지만 사람은 완벽하지 않아요. 그리고 우리가 완벽하지 않다면, 싫지만 바꿀 수 없는(혹은 아직까지 바꾸지 못한) 자신의 특성을 받아들이는 것도 현명한 태도입니다.

그런 점을 기분 좋게 받아들이려면 어떻게 해야 할까요? 어디서 시작해야 할까요? 우선, 완벽한 사람은 없다는 사실을 명심하면 도움이 될 거예요. 알고 보면 여러분과 같은 결점을 가진 사람은 많이 있답니다. 그런 사람들을 만나 보세요. 과감한 모험가가 아니어서, 학습 장애가 있어서, 몸이 약하거나 병이 있어서, 혹은 곱슬머리, 키, 몸무게, 코, 가슴 등이 마음에 들지 않아서 불만이라면, 여러분과 비슷한 사람을 찾아보세요. 여러분을 괴롭히는 결점들을 즐겁게 받아들이는 사람을 만날 수 있을 겁니다. 주근깨가 마음에 들지 않는다고요? 주근깨 덕분에 튀어 보인다며 좋아하는 사람도 분명 있을 거예요. 좀 더 과감해지고 싶다고요? 안전이 최고로 중요하다고 생각하는 사람들이 분명 있을 거예요.

그렇게 긍정적으로 받아들이고 생각하면 심각한 장애조차 축복이 될 수 있습니다. 주의원인 메리 프리바이트는 열네 살에 회전 톱에 걸려 왼손을 잃었습니다. 이때부터 한 손으로 머리를 땋고 자전거를 타는 법을 배워야 했지요. 하지만 메리가 자신을 안됐다고 생각

있는 그대로의 내 모습부터 사랑하자

하거나 뭔가를 할 수 없다고 말할 때마다 메리의 아버지는 "글쎄, 아빠가 보기에는 할 수 있을 것 같은데" 하고 말했습니다. 메리에 대한 아버지의 믿음은 메리가 스스로를 믿는 데 도움이 되었지요. 이제 메리는 장애 덕분에 좋은 점도 많았다고 생각합니다. 다른 사람의 처지나 감정을 훨씬 예민하게 헤아릴 수 있었고, 어떤 어려움도 극복할 수 있다는 소중한 가르침을 얻었다는 것이죠.

또 다른 방법은 현실을 있는 그대로 바라보는 것입니다. 다른 사람과 자신을 비교하고 있나요? 그렇다면 여러분만 결점을 가진 게 아니라는 사실을 떠올리세요. 결점은 누구에게나 있어요. 내가 갖지 못한 것 또는 할 수 없는 것을 안타까워하기보다는 나의 강점에 집중하세요. 남들이 가치 있다고 생각하는 일을 할 수 있나요? 스스로 가치 있다고 생각하는 일은 어떤가요?

이런 방법을 써 보아도 여전히 자신이 마음에 들지 않아 괴롭다면, 부모님이나 선생님, 학교 상담 선생님 등을 찾아가 의논하세요. 여러분을 괴롭히는 일에 대해 믿고 의논할 수 있는 어른이면 누구라도 좋습니다. 그분들이 도움이 될 만한 조언을 해 줄 거예요. 누군가에게 고민을 털어놓기만 해도 큰 도움이 되지요.

내가 좋아지면 세상도 좋아진다

자신을 긍정적으로 보게 해 주는 또 다른 방법이 있어요. 놀랍고도 신기한 방법이지요. 시간을 내어 다른 사람을 도와주는 거예요. 많은 성공한 여성이 다른 사람을 도울 때, 세상을 좀 더 살기 좋은 곳으로 만드는 일을 할 때, 스스로에게 가장 만족감을 느끼며 행복하다고 대답했습니다. 라디오 프로그램 진행자 캐슬린 던은 빈민지구 자원봉사 파견단체인 비스타(VISTA)의 일원으로 2년 동안 저소득 가정을 도운 일을 지금도 뿌듯해합니다. 하원의원 셸리 버클리도 자원봉사 활동이 무엇보다 중요하다고 믿는 사람이지요. 셸리는 자원봉사 활동을 촉진할 법률안을 내기도 했어요.

아이들도 세상을 바꾸는 의미 있는 일을 할 수 있습니다. 마릴린 칼슨 넬슨은 어린 시절 자신의 노력으로 주일학교를 바꾼 경험이 있지요(56쪽에 마릴린의 이야기를 실었어요). 조지 W. 부시 미국 대통령이 아프리카 아이들을 돕기 위해 1달러씩 기부해 달라고 했을 때도, 청소년들이 수백만 달러를 모금했어요. 내가 아는 한나라는 여학생은 해마다 생일이 돌아오면 성금 모금 행사를 해요. 매년 주제를 바꿔서 하고 있지요. 한나는 선물을 받는 대신 친구들에게 자기가 선택한 자선 단체에 기부해 달라고 부탁하곤 해요.

원한다면 언제든 참여할 수 있는 훌륭한 사회 활동이 세상에는 참으로 많답니다. 어떤 일을 할지 결정한 뒤에는 함께 일할 친구들을 찾으세요. 그리고 함께 모여서 무슨 일을 할 수 있는지 자유롭게 이야기해 보세요.

내놓는 아이디어마다 항상 큰 성과를 거둘 수는 없겠지요. 그래도 세상에 조금씩 변화를 가져올 수는 있습니다. 어쨌든 자신에 대해 걱정하는 시간을 줄이고 다른 사람을 도와줄 궁리를 하는 데 더욱 노력하세요. 그러다 보면 어느새 '아이캔걸'에 성큼 다가가 있을 겁니다. 아마 깜짝 놀랄 거예요. 그리고 남을 돕는 일이 얼마나 기분 좋은 일인지 깨닫고 또 한 번 놀라겠지요.

나는 항상 가난한 사람들을 돕고 싶었어요. 내가 열 살 때였어요. 어느 날, 우리 가족은 차를 몰고 인디애나폴리스에 가고 있었어요. 화이트 강을 건너는데 눈앞에 커다랗고 칙칙한 건물들이 보였지요. 무섭기도 하고 위협적으로 느껴지기도 했어요. 부모님께 저 건물들이 뭐냐고 묻자 가난한 사람들을 위해서 만들어진 '주택 단지'라고 설명해 주셨어요. 나는 "저 사람들이 저기서 나올 수 있게 돕고 싶어요" 하고 말했죠. 부모님은 내가 자라는 동안 이 얘기를 반복해서 들려주셨어요. 가난한 사람들에게 힘을 주겠다는 나의 꿈은 평생의 목표가 되었지요.

- 노린 존슨, 임상심리학자, 전 미국심리학자협회 회장

나는 세상을 살기 좋은 곳으로 만들고, 세상의 부정에 맞서기 위해 평생 동안 열정적으로 노력했습니다.

- 캐슬린 던, 라디오 프로그램 진행자

나는 개인이 세상을 바꿀 수 있다고 믿습니다. 그리고 사회 봉사를 통해 우리 가족이 나라에서 받은 도움을 사회에 돌려줄 기회를 찾았습니다. 이것이 내가 사회 봉사를 하는 가장 본질적인 이유입니다. 나는 별다나 싶게 애국심이 넘치는 사람입니다. 우리 가족이 나라에서 받은 도움을 잘 알기 때문입니다. 우리 가족뿐 아니라 수많은 가족이 나라에서 받은 도움을 돌려주기 위해 노력하고 있습니다.

- 셸리 버클리, 하원의원

열두 살 때였어요. 나는 부모님에게 주일학교가 싫어졌으니 더는 가지 않겠다고 말했어요. 남자 아이들이 까불면서 여자 아이들을 쫓아다니는데 주일학교 선생님은 아이들을 통제하지 못했거든요.

아버지는 크게 화를 내며 딱 잘라 말씀하셨죠. "주일학교에 가야 한다."

내가 대꾸했어요. "안 갈 거예요. 기대하지 마세요. 거기 가는 건 쓸데없는 시간 낭비일 뿐이에요."

그러자 아버지가 말했어요. "그럼 고쳐라."

내가 울면서 말했어요. "무슨 말이세요? 고치라고요?"

그러자 어머니가 나섰죠. "여보, 애를 내버려 두세요. 당신이 몰라서 그래요."

"아니요, 그럴 수는 없어요. 마음에 들지 않으면 고치면 되는 거요." 아버지는 단호했습니다. 하지만 나는 계속 반박했어요. "전 겨우 열두 살이에요. 주일학교는 어마어마하다고요. 제가 어떻게 주일학교를 바꿔요?"

"삶이란 그런 거다. 권력은 항상 개인보다 크지. 그래도 개인이 변화를 가져올 수 있단다. 혹시 실패한다고 해도 시도는 해 보는 게 낫다." 아버지의 대답이었어요.

아버지는 내가 주일학교를 바꿀 수 없다는 생각은 조금도 하지 않았어요. 바꿀 수 있다고 굳게 믿었지요. 나에게 방에 가서 생각나는 방법들을 써 보라고 했습니다. 결국 나는 주일학교 교장 선생님에게 전화를 해서 약속을 잡아야 했지요. 내 아이디어에 대해서 의논하기 위해서요. 우리는 다른 아이들과 힘을 합쳐 주일학교를 바꿨어요. 그때의 경험은 지금까지도 강렬하게 남아 있습니다.

- 마릴린 칼슨 넬슨, 칼슨 컴퍼니 이사장 겸 최고경영책임자

건전한 자존감을 키우는 비결

- 🍦 마음속에서 들려오는 부정적인 목소리를 꺼 버리세요. 자신을 믿으세요!

- 🍦 강점을 활용해 재능을 보여 주세요. 할 수 있는 일을 감추지 마세요.

- 🍦 약점은 인정하세요.

- 🍦 매사에 균형 감각을 가지세요. 자부심을 가지면서도 겸손해야 합니다.

- 🍦 필요하면 도움을 청하세요.

- 🍦 중요하다고 생각하는 일에는 최선을 다하세요.

- 🍦 실수와 후퇴가 실패를 의미하지는 않는다는 사실을 명심하세요.

- 🍦 끈기를 가지세요.

- 🍦 여러분이 도움을 받았던 것처럼, 도움이 필요한 사람들을 도와주세요. 혼자서 또는 다른 사람들과 힘을 합쳐 학교에서, 공동체에서, 세상에서, 문제를 바로잡고 더 좋은 곳을 만들기 위해 노력하세요.

- 🍦 재능을 계발하고, 자신을 존중하고 좋아하게 해 줄 목표를 세우고 변화를 이끌어 내기 위해 노력하세요.

chapter 3

두뇌의 힘을 길러라

어떤 사람이 똑똑한 사람일까요? 선생님이 질문을 했을 때 항상 맨 먼저 손을 드는 사람일까요? 텔레비전 퀴즈 쇼를 보면서 항상 정답을 맞히는 사람일까요? 그런 사람은 똑똑한 사람일 가능성이 높지요. 하지만 그렇지 않은 사람도 알고 보면 똑똑한 사람일 수 있어요. 전문가들의 말에 따르면 지능이란 여러 가지 형태로 나타난다고 합니다. 읽기와 쓰기를 잘하는 사람이 있는가 하면, 수학이나 과학을 잘하는 사람, 논리적 사고에 능한 사람도 있습니다. 이런 지능은 모두 학교 시험을 통해 측정할 수 있지요. 그런가 하면 온갖 사람과 유독 잘 어울리는 사람도 있어요. 이 또한 지능의 한 유형이랍니다. 음악이나 미술에서 뛰어난 창조력을 보이는 사람도 있고, 자연을 생각하고 바라보는 방식이 남다른 사람도 있지요. 기계를 잘 다루고 기술을 잘 익히는 사람도 있어요. 심지어 '마음이 현명한' 사람들도 있어요. 그런 사람들은 다른 사람의 감정을 특별한 방식으로 이해하지요. 지금까지 이야기한 재능 말고도 세상에는 어마어마하게 다양한 종류의 지능이 있어요.

똑똑한 사람이 되는 것과 자신의 지능을 활용하는 것은 서로 다른 문제입니다. 똑똑한 사람이 되기 위한 가장 중요한 특성은 '할 수 있다'는 태도와 관련이 있어요. 예를 들면 열정, 낙천적인 자세, 배우려는 의지 등이지요. 성공한 여성들은 스스로 똑똑하다고 생각할수록 두뇌를 활용하려는 의지가 커진다고 말합니다. 그러니까 똑똑해지려고 노력한다면 효과가 있다는 거죠.

우리가 조사한 성공한 여성들 중 많은 사람은
스스로 똑똑한 사람이 되기 위한 노력을 게을리 하지 않았다.
대부분 어려서부터 독서와 글쓰기를 즐겼으며,
수학과 과학, 예술 분야에서 창조성을 보여 준 여성들도 많았다.

독서로 두뇌를 튼튼하게

책을 좋아하는 친구라면 이미 스스로 상당히 똑똑하다고 생각하고 있을 겁니다. 독서를 좋아하지 않더라도 일단 책을 펼치고 읽어 보세요. 책 속에는 두뇌를 위한 먹을거리가 잔뜩 들어 있답니다. 울며 겨자 먹기로 힘들게 읽은 책이라도 마찬가지예요.

흉부외과 의사 아나 카사*는 어려서 도미니카 공화국에서 미국으로 이민을 왔습니다. 처음에는 언어 때문에 많이 혼란스러웠지요. 아나의 모국어는 스페인어였거든요. 영어를 자유자재로 쓸 수 있을 때까지는 시간이 꽤 걸렸어요. 가끔은 언제 어느 언어를 써야 할지 헷갈리기도 했답니다.

초등학교 3학년이 된 아나는 근처에 공립도서관이 있다는 걸 알게 되었어요. 책이라는 완전히 새로운 세상이 아나 앞에 펼쳐졌어요. 아나는 책을 일주일에 네다섯 권씩 읽기 시작했습니다. 한동안 아나는 자기가 쓰는 언어가 달라서 자신이 별나다고 느꼈는데, 이제는 독서광이라 별나다는 생각을 하게 되었지요. 독서는 영어를 익히는 데 도움이 되었을 뿐 아니라, 이전보다 자신이 훨씬 똑똑해졌다고 느끼게 해 주었어요.

성공한 여성들 중 많은 사람이 책을 적극적으로 읽었기 때문에 초등학교 때부터 스스로 똑똑하다고 생각했어요. 신경외과 의사 알렉사 캐나디도 독서를 좋아했습니다. 일주일에 위인전을 무려 열 권에서 열두 권이나 읽었지요. 알렉사는 한 학년을 월반하기도 했어요. 하원의원 니디아 벨라스케스도 역시 한 학년을 건너뛰었어요. 니디아는 부모님을 졸라 백과사전을 받았어요. 그리고 그 책들을 열심히 보면서 자신이 지성인이 될 수 있다는 확신을 가졌어요.

나는 주로 아버지를 따라 했어요. 아버지는 우리를 독서의 세계로 이끌어 준 분이죠. 우리 집에는 항상 곳곳에 책이 있었어요. 책은 우리를 또 다른 세상으로 안내해 주었고, 우리는 손에 잡히는 대로 뭐든 읽었어요. 낸시 드루가 등장하는 추리 소설 시리즈부터 『뻐꾸기 둥지 위로 날아간 새』까지 그야말로 닥치는 대로 읽었어요.

- 윌마 P. 맨킬러, 체로키 부족국가 최고 추장

학교 수업은 나한테 쉬웠어요. 나는 모든 과목에서 우수한 성적을 보였고 책을 읽고 공부하는 것을 무척 좋아했어요. 5학년 때 나는 동화 작가 마들렌 랭글에게 편지를 썼어요. 랭글처럼 작가 겸 일러스트레이터가 되고 싶었거든요.

- 코니 마츠이, IDEC 제약회사 상무, 미국 걸스카우트 전국 회장

많은 여성들이 특히 좋아했던 책은 여성 위인전이었어요. 자신의 꿈을 추구하고 실현했던 여성들의 이야기에 매료되었던 것입니다. 전쟁 중에 간호사로 활약한 플로렌스 나이팅게일, 노예 해방을 위해 힘쓴 소저너 트루스, 대서양을 혼자 횡단한 비행사 아멜리아 에어하트, 시각 및 청각 장애를 극복하고 읽기를 배웠던 헬렌 켈러 등이 대표적인 인물입니다. 우주왕복선 선장 아일린 콜린스는 가난한 가정에서 자라 여성 비행사가 된 재클린 코크란에 관한 책을 읽고 깊은 감동을 받았습니다. 심리학자 앤 카롤레스*는 노벨상을 수상한 과학자 마리 퀴리의 전기를 읽은 뒤에 학업에 최선을 다하기로, 특히 과학을 열심히 하기로 다짐했습니다. 케이 베일리 허치슨 상원의원은 학교 도서관에 있는 위인전을 모두 읽었다고 합니다. 토크쇼 진행자 오프라 윈프리도 독서를 중요하게 생각하고 즐기는 사람으로 유명하죠. 오프라는 자신이 진행하는 쇼를 통해 자신이 좋아하는 책을 다른 사람들과 공유합니다.

비범한 여성에 관한 책은 무수히 많아요. 서점에서 혹은 도서관에서 여러분을 기다리고 있지요. 책을 고르기가 쉽지 않으면 사서 선생님에게 추천해 달라고 부탁해 보세요.

책벌레가 되는 법

책을 좀 더 많이 읽고 싶은데 방법을 모르겠다고요? 당장에라도 도서관이나 서점으로 뛰어가고 싶게 만들어 줄 방법을 몇 가지 소개합니다.

♡ 관심 있는 주제를 파고드세요. 예전부터 흥미로웠던 주제를 더욱 깊이 알아보세요. 예를 들어 말을 좋아한다면 말의 혈통, 훈련 방법, 경마 등에 관한 책을 찾아보세요. 말에 대한 소설을 읽으면서 상상력을 자극하는 것도 좋고요. 체스에 관심이 있다면 유명한 체스 대회에 관한 책, 실력을 향상시킬 경기 방법에 관한 책 등을 읽어 보세요. 공예품 만들기를 좋아하나요? 그렇다면 새로운 문양이나 구상, 만드는 법이 실린 책이나 잡지를 찾아보세요.

♡ 독서의 폭을 넓히세요. 전기, 모험 소설, 추리 소설, 역사 소설, 과학책 등을 번갈아 가며 다양하게 읽어 보세요. 특별히 마음에 드는 갈래가 있다면 새로운 종류의 책을 읽고 싶을 때까지 비슷한 책을 계속해서 읽으세요.

♡ 식구들과 책에 대한 이야기를 나누세요. 어머니, 아버지, 할머니, 할아버지, 이모나 고모, 삼촌 등에게 어렸을 때 읽은 재미난 책을 알려 달라고 부탁하세요. 여러분이 좋아하는 책을 언니 오빠, 동생, 사촌을 비롯한 다른 식구들과 공유하세요.

♡ 독서하는 습관을 들이세요. 좋아하는 책을 읽을 시간과 장소를 정해 놓으세요. 잠들기 전 침대 위에서, 조용한 주말 아침 공원에서, 또는 숙제를 끝낸 다음에 책을 읽는다고 정하는 거죠. 여러분만 아는 비밀의 독서 장소를 만들어 보면 어때요?

폭 넓은 독서로 두뇌의 힘을 기르자

♡ 책 친구를 찾으세요. 좋아하는 책을 친구와 바꿔 보세요. 그리고 둘 다 좋아하는 책을 골라서 내용을 연극처럼 새로 써 보세요. 그리고 반 친구들이나 이웃 사람들을 초대해 연극을 공연해 보세요. 그러면 다른 사람들도 그 책을 읽는 데 흥미를 느끼게 될 것입니다.

♡ 작가를 찾아서 읽어 보세요. 어떤 책이 마음에 들면 같은 작가가 쓴 다른 책을 찾아보세요. 작가에게 편지나 이메일을 써서 어떤 점이 마음에 드는지 이야기해 보는 것도 좋아요. 출판사 앞으로 작가에게 쓴 편지를 보낼 수도 있습니다. 책에서 출판사 주소나 웹사이트 등을 찾아보세요. 어쩌면 답장이 올지도 몰라요.

♡ 무엇이든 읽어 보세요. 책뿐만 아니라 잡지, 신문, 웹진 등도 풍부한 내용을 담고 있어요. 일단 독서에 빠지면 새로운 읽을거리는 무한하다는 사실을 깨닫게 될 거예요.

나는 작은 시골 마을에서 자랐지만 독서를 통해 훨씬 큰 세상이 있다는 사실을 알았습니다. 우리 마을에는 도서관도 서점도 없었습니다. 그래서 부모님과 나는 책을 사러 도시까지 나갔습니다. 어머니가 쇼핑을 하는 동안 나는 책 코너 바닥에 앉아 책을 읽었습니다. 다른 사람 집을 방문했을 때 가장 먼저 책을 살피는 게 내 버릇입니다. 항상 왕성하게 책을 읽고 글을 썼고, 잡지들을 훑어보며 미래에 가지고 싶은 집을 찾아보기도 했습니다. 카탈로그에 나온 가구 사진을 모았고, 여행 기사들을 스크랩했습니다.
- 마르바 콜린스, 시카고 마르바콜린스 사립고등학교 설립자

나는 어려서 손에 잡히는 대로 책을 읽었어요. 도서관에 가기를 좋아했고, 가면 항상 사서 선생님에게 책을 추천해 달라고 부탁했죠. 관심 있는 주제가 있다고 하면 사서 선생님이 도움이 될 만한 책을 찾아 주었어요. 책에 대한 각별한 사랑 때문에 출판사 경영을 시작했고, 의심의 여지없이 성공했지요. 무엇보다 나는 책이 어린 독자들에게 얼마나 많은 정보를 주고 영감을 주는지 잘 아니까요.

- 주디 갤브레이스, 프리스피릿 출판사 설립자 겸 회장

수학과 과학에 대한 편견 깨기

수학과 과학 교과서를 째려보면서 "도대체 이런 걸 알아서 어디다 써먹자는 거야?" 하고 말한 적이 있나요? 그렇다면 주위를 둘러보세요. 수학을 모르면 용돈 기입장을 쓸 수도 없고, 아르바이트를 하고 받은 돈을 계산할 수도 없어요. 친구들과 피자를 먹은 다음 나눠서 계산을 할 수도, 자기 사업을 시작할 수도 없지요. 또, 과학자와 발명가들이 없으면 텔레비전, 컴퓨터, 전등, 아플 때 필요한 약도 없었을 거예요. 대부분의 흥미로운 직업 그리고 대부분의 일상생활에는 수학과 과학 지식이 필요합니다.

많은 여성들이 수학과 과학 지식을 활용해 이룬 것들을 살펴보세요. 미국 항공 우주국의 우주인 케이디 콜먼은 수학과 과학 지식을 활용해 500시간 이상의 우주 비행 기록을 달성했어요. 전자책 출판사 발행인 애니크 라파즈에게 수학과 과학 지식이 없었다면 전자 책을 내놓지 못했겠지요. 신경외과 의사 알렉사 캐나디는 수학과 과학 지식 덕분에 수많은 어린이의 생명을 구했어요. 특히 수의사, 건축가, 학교 선생님, 인테리어 디자이너, 우주인, 그래픽 디자이너, 의사 등이 되고 싶다면 수학과 과학 지식이 정말 필요합니다.

여자 아이는 남자 아이보다 과학이나 수학을 못한다고 생각하는 사람들도 있습니다. 이런 과목을 좋아하는 사람은 따분한 샌님이라고 생각하는 사람도 있지요. 하지만 그런 엉터리 말은 믿지 마세요. 여러분의 학교만 봐도 과학이나 수학을 남자 아이들보다 좋아하고 성적도 뛰어난 여학생이 많을 거예요. 여러분도 그런 여학생들 가운데 한 사람일지 모르죠. 따분한 샌님이나 이런 과목을 좋아한다고요? 천만의 말씀! 미국 시트콤 〈프렌즈〉의 여배우 리사 쿠드로, 소프트볼 선수인 도트 리처드슨, 영화배우 대니카 맥켈러 등이 모두 대학에서 수학 또는 과학과 관련된 학문을 전공했다는 사실! 잊지 마세요!

어떤 아이들은 수학과 과학 문제들을 쉽게 풀어 낼 거예요. 그렇다고 괜히 억울해하지 마세요. 운 좋은 몇몇 학생들에게는 수학과

5학년과 6학년 때 선생님들은 내가 과학에 관심을 갖게 해 주었고, 어떤 분야에서도 남자 아이와 여자 아이를 차별하지 않았습니다. 5학년 때 선생님은 우리가 인형 집에 직접 전선을 설치해서 어떻게 집 안에 불이 켜지고 인터폰이 울리는지 볼 수 있게 했습니다. 또 우리 몸 안의 장기를 그린 커다란 판을 가져와서 전선을 연결하게 했습니다. 과학이 글자 그대로 우리 앞에서 불을 밝혔죠!

– 샌드라 라바스 펜윅, 보스턴 어린이병원 원장

과학이 꽤 쉬운 과목이겠지만, 여러분도 쉽게 이해할 수 있는 과목이 있잖아요. 사실 수학, 과학을 어렵지 않게 해치우는 것처럼 보이는 아이들은 대부분 매우 열심히 공부하고 있어요. 게다가 중학교, 고등학교, 대학교로 가면서 수준이 높아지면, 수학과 과학에서 강한 면모를 보였던 학생들조차 쉽지 않다고 느끼게 돼요. 캐서린 번스*는 수학에는 항상 자신이 있었지요. 하지만 매사추세츠 공과대학 대학원생이 되고 나서는 상황이 달라졌어요. 처음에 캐서린은 자기만 수학 수업을 어려워하는 게 아닐까 노심초사했어요. 하지만 포기하지 않고 끝까지 노력했지요. 지금 캐서린은 자신이 다녔던 명문 대학교에서 공학을 가르치고 있어요. 공학은 수학과 밀접한 관계가 있는 학문이지요.

그러니 도전을 받아들이세요! 힘든 과목을 정복하는 것은 자신의 능력을 증명할 좋은 기회예요. 모든 시험을 잘 볼 수는 없어도 항상 최선을 다할 수는 있어요. 그리고 꼭 좋은 점수를 받지 못해도 여러분이 배우고 터득한 만큼 스스로의 공로를 인정하고 칭찬하는 것을 잊지 마세요.

수학, 과학과 친해지기

수학책을 보기만 해도 몸이 부르르 떨리고 등골이 오싹해지나요? 개구리 해부 실험 생각만 해도 얼굴이 개구리보다 새파래지나요? 자, 심호흡을 하고 긴장을 푸세요. 수학과 과학을 편안하게 배울 수 있는 비결을 몇 가지 알려 줄게요.

돈 벌 궁리를 해보세요. 돈 버는 일만큼 흥미로운 일도 없지요. 물론 숫자도 많이 다루는 일이고요. P&G의 마케팅 책임자인 타마라 미닉 쇼칼로는 초등학교 3학년 때, 쉬는 시간에 친구와 함께 젤리과자 한 봉지를 나눠 먹고 있었어요. 그때 좋은 아이디어가 떠올랐지요. 타마라는 아버지에게 25달러를 빌려 젤리과자를 비롯해 여러 가지 과자를 샀습니다. 그리고는 과자를 작은 비닐봉지에 조금씩 나누어 담은 다음, 쉬는 시간에 팔러 다녔어요. 말하자면 타마라는 사업가가 된 거죠. 머지않아 아버지에게 빌린 돈을 이자까지 쳐서 갚고도 이윤을 남겼어요. 여러분도 사업가가 되어 돈을 벌 수 있습니다. 직접 만든 레모네이드나 뜰에서 키운 채소, 귀여운 그림을 그린 티셔츠같이 나만이 팔 수 있는 물건이면 더욱 좋겠죠. 하지만 학교 안에서 물건을 팔려면 먼저 담임 선생님과 교장 선생님께 허락을 받아야 한답니다. 아니면 집안일을 돕고 용돈을 받거나, 아기 보기, 개 산책시키기, 낙엽 모으기, 마을 청소 같은 일을 해서 용돈을 벌 수도 있어요. 여러분의 사업을 시작하는 데 비용이 얼마나 들지 따져 보고, 필요한 돈을 마련할 방법을 찾아보세요. 그리고 이익이 얼마나 생길지 계산해 보세요.

요리를 해 봐요. 요리책을 보고 요리를 하려면 분수를 제대로 이해하고 정확히 계량할 줄 알아야 해요. 더구나 부엌에서 음식 재료를 섞는 일은 실험실에서 화학 물질을 섞는 일과 다르지 않죠. 너무 어렵지 않게 만들 수 있는 요리를 한번 찾아보세요. 먼저 집에 재료가 모두 있는지 확인해야 합니다. 그리고 요리를 함께 먹을 가족이나 친구들 수에 맞추어 요리책에 나온 재료의 양을 곱하거나 나누세요. 가스레인지나 오븐을 사용하기 전에는 어른들에게 먼저 허락을 받아야 해요. 요리를 끝낸 다음 청소하는 것도 잊지 말고요. 그리고 다 같이 맛있게 먹는 거죠! 요리는 정말 재미있는 수학 연습, 과학 실험이 될 거예요.

좋은 목적을 위해 돈을 모금해 봐요. 경영인 수잔 위드햄은 어렸을 때 '캠프파이어 걸스'라는 여학생 단체에서 활동했어요. 그 단체에서는 해마다 대원들이 사탕을 팔아 기금을 마련하는 행사를 열곤 했지요. 수잔은 스스로 수줍음을 많이 탄다고 생각했지만, 어느 단원보다도 사탕을 많이 팔았어요. 모금을 할 때는 얼마나 모았는지 계속 계산해 보세요. 자기만을 위해 뭔가를 할 때보다 훨씬 열심히 뛰게 된다는 사실에 놀라게 될 거예요.

카드놀이나 보드게임을 해 봐요. 카드놀이나 보드게임을 잘하려면 수학적으로 생각하고 문제를 해결하는 능력이 필요합니다. 친구와 함께 게임을 하면서 수학 공부도 하세요. 얼굴 찌푸리지 않고 편안하게 수학 실력을 키울 수 있어요.

1일 선생님은 어떤가요? 무언가를 이해하기 위한 가장 좋은 방법은 그

것을 다른 사람에게 설명해 보는 거예요. 동생이 구구단 외우는 것을 도와주거나, 지구가 태양 주위를 어떻게 공전하는지, 2차원과 3차원이 어떻게 다른지 동생에게 설명해 주세요. 이런 과정은 여러분의 수학과 과학 실력을 향상시키는 데도 도움이 된답니다.

장 보기를 도우세요. 식구들이 자주 가는 상점의 전단지에 쿠폰이 있는지 살펴보고, 쿠폰을 모아서 장을 보자고 제안해 보세요. 만약 이웃에 혼자서 장을 보기 어려운 할아버지나 할머니가 사신다면, 장을 봐 드리겠다고 이야기해 보세요. 좋은 물건을 가장 싸게 사는 방법에 도전해 보고, 얼마나 돈을 아꼈는지 계산해 보세요. 얼마나 분별 있는 소비자가 될 수 있는지 모두에게 보여 주는 것이죠.

정원에 식물을 심어요. 다양한 식물 씨앗을 심어 보세요. 뜰에 심을 수도 있고 베란다나 창턱에 놓아둔 화분에 심을 수도 있겠지요. 식물이 자라는 동안 열심히 돌봐 주세요. 햇빛을 많이 받는 게 좋은가요, 아니면 적게 받는 게 좋은가요? 식물을 관찰하고 연구해 보세요. 주로 어떤 곤충이 모여드나요? 새로운 사실을 기록하고 식물이 자라는 모양을 스케치해서 식물 성장 일기를 써 보세요.

애완동물에게 새로운 기술을 가르쳐 보세요. 햄스터나 애완용 쥐가 미로에서 길을 찾아 나오는 데 얼마나 걸리는지 살펴보세요. 부르면 달려오도록 고양이를 훈련하는 방법을 찾아보세요. 개에게 구르기를 가르쳐 보세요. 그리고 과학자들이 하는 것처럼 결과를 기록합니다. 지금 여러분은 동물의 행동에 대한 연구를 하고 있으니까요. 연구가 뭐 별건가요?

글쓰기는 필수

내가 중학교 2학년 때 일이에요. 아프리카의 노예무역에 대한 보고서를 써야 했는데, 어떻게 시작해야 할지 몰라 쩔쩔매고 있었지요. 그러다가 마침내 내가 노예선에 억지로 태워진 노예라고 생각하며 보고서를 쓰기로 했어요. 수업 시간에 보고서를 발표하려고 일어섰을 때, 나는 몹시 긴장했죠. 그때까지 아이들은 다른 아이들의 보고서에 별로 관심을 보이지 않았어요. 하지만 내가 노예상인들에게 붙잡혀 상상 속의 가족과 헤어지고 끌려오는 이야기를 시작하자 반 전체가 쥐 죽은 듯 조용해졌어요. 모두가 내 보고서에 감명을 받고 나는 A⁺를 받았답니다.

이런 작은 경험에서 얻은 자신감이 여전히 나와 함께한다는 사실은 놀라운 일이에요. 내가 작가보다 아동심리학자로 더욱 유명해진 지금도 나는 글쓰기를 좋아해요. 이 책이 내가 얼마나 글쓰기를 좋아하는지 말해 주는 증거지요.

베스트셀러 작가인 재클린 미처드도 어려서 틈만 나면 글을 썼어요. 식구들이 모두 잠자리에 든 뒤에 문틈으로 들어오는 희미한 빛을 받으며 바닥에 엎드려서 글을 썼지요. 학교 신문에도 할 수 있을 때마다 글을 냈고, 작가들을 자신의 가장 친한 친구라고 생각했답니다.

글쓰기를 취미로 삼고 싶지 않더라도, 글을 잘 쓰는 법을 연습해 두면 어떤 일을 하든지 도움이 될 거예요. 과학자, 정치가, 간호사, 건축가, 사업가, 컴퓨터 프로그래머, 영화감독, 의상 디자이너, 영업사원, 주부, 그 밖에 무엇이 되고 싶든 어느 정도는 글을 써야 하니까요. 메모, 이메일, 편지, 사업보고서, 조사보고서, 쇼핑목록,

업무목록 등 종류는 다양하겠지만 무언가를 써야 한다는 사실은
변하지 않아요.

일단 써 보자!

'글쓰기'가 꼭 지루한 작문 숙제, 느낌 없는 독후감, 장황한 조사
보고서일 필요는 없어요. 종이에 써도 좋고 컴퓨터로 써도 좋아요.
자신을 좀 더 창의적으로 표현할 수 있는 방법들이 있답니다.

일기를 쓰세요. 일기는 어떤 경우에도 의지할 수 있는 좋은 친구입니
다. 일기를 쓰면서 여러분이 한 일을 기록해 보세요. 더욱 중요한
것은 감정을 표현해 보는 거예요. 하루하루가 다를 거예요. 어떤
때는 딸랑 한 문장만 쓰기도 하고 어떤 때는 쓸 말이 너무 많아 한
쪽을 다 채우기도 하겠죠.『안네의 일기』,『라토야 헌터의 일기』처
럼 실존 인물들이 썼던 일기를 읽으면서, 다른 사람들은 일기를 어
떻게 활용했는지 아이디어를 얻으세요.

가족 신문을 만들어요. 식구들 중 누군가에게 모두와 나눌 만한 새로
운 소식이 있나요? 가족이 다 함께 나들이나 여행을 다녀왔나요?
아기가 새로 태어났거나 명절이 다가와서 인사를 하고 싶다면요?
가족 신문은 이런 소식을 알리기에 더없이 좋은 공간이에요. 가족
을 인터뷰할 수도 있고, 행복했던 기억을 나누기도 하고, 소설처럼
꾸며낸 이야기를 실을 수도 있습니다. 한 달에 한 번, 또는 계절마
다 한 번씩 정기적으로 가족 신문을 만들어 보세요.

숙제로 낼 보고서에 상상력을 조금 보태세요. 내가 노예무역에 대한 보고서를 쓰면서 노예로 팔려간다면 어떨까 상상해서 보고서를 썼던 것처럼, 보고서를 쓸 때 상상력을 보태는 것도 좋은 방법이에요. 여러분이 다른 나라 혹은 다른 시대에 산다고 생각하고 글을 써 보는 거죠. 미래에서 시간 여행을 하러 온 여행자라고 상상할 수도 있겠지요. 내가 누구나 아는 유명한 사람이라면 기분이 어떨까, 어떤 일을 할까 생각해 보는 것도 재미있을 거예요.

좋아하는 책이나 영화의 등장인물이 되어 보세요. 해리 포터나 스튜어트 리틀, 뮬란 또는 다른 좋아하는 책이나 영화의 등장인물이 된다면 어떨까요? 여러분이 등장인물이 된다면 어떤 일이 일어날지 상상하면서 글을 써 보세요.

친구와 연락을 주고받아요. 가장 친한 친구들끼리는 바로 한 시간 전에 만났다고 해도, 여전히 이야기할 거리가 있을 거예요. 그럴 때는 편지나 이메일을 써 보세요. 오늘 있었던 일을 이야기할 수도 있고, 새로운 이야기를 꾸며내서 쓸 수도 있어요. 다만 친구가 어떤 부분이 상상이고 어떤 부분이 현실인지만 알 수 있게 해 주세요.

여러분의 생각을 있는 그대로 나타내 보세요. 학교나 지역 신문 편집자에게 여러분이 중요하다고 생각하는 주제에 대한 의견을 편지에 써서 보내 보세요. 대통령 또는 정부에서 일하는 사람들, 영화배우나 가수, 탤런트 등, 생각하면 힘이 나는 인물에게 편지를 쓰세요. 무엇이든 여러분이 생각하는 바를 이야기하세요. 그리고 우편함을 살펴보세요. 정말로 답장을 받게 될지도 몰라요.

시를 가까이 하세요. 슬플 때, 자신이 바보 같다는 생각이 들 때 시를 읽거나 써 보세요. 감정을 표현하는 데 도움이 된답니다. 여러 가지 단어를 다루다 보면 생각의 폭이 넓어지고 느낌을 정확히 표현하기가 쉬워져요.

글쓰기 대회에 참가하거나 출판을 시도해 보세요. 어른들에게 청소년이 참가할 수 있는 글쓰기 대회나 청소년의 시나 소설을 싣는 잡지를 알아봐 달라고 부탁하세요. 항상 상을 받거나 글이 잡지에 실리지는 않겠지만 포기하지 마세요! 「해리 포터」 시리즈를 쓴 작가 J. K. 롤링을 비롯한 유명 작가들도 글이 출판되기까지 수많은 고배를 마셨답니다. 물론, 첫 책 『아웃사이더』를 열일곱 살에 출판한 수잔 엘로이즈 힌튼이나 불과 여덟 살에 첫 소설을 낸 헬렌 걸리 브라운처럼 운 좋은 작가도 있지요.

창의적인 예술가

지금까지 우리는 독서, 글쓰기, 수학, 과학 등과 관련된 지능에 대해 살펴보았어요. 모두 서로 다른 방식으로 매우 창조적인 분야이지요. 그런데 화가, 배우, 무용수, 음악가 등으로서 재능을 인정받고 성공한 여성들도 많아요. 그중 일부는 중학생일 때 이미 뛰어난 실력을 나타내기도 했죠. 청소년일 때 벌써 화가, 배우, 무용수, 음악가로 불렸다니 그들의 재능이 얼마나 빼어났는지 짐작할 수 있겠지요? 「해리 포터」 시리즈의 일러스트레이터로 널리 알려진 메리 그랑프레는 중학교 때 처음으로 자신이 그린 그림을 판매했어요. 교회 바자회에 내놓은 그림이 팔렸던 것이지요. 그래픽 디자이너 로덴 브르찬도 비슷한 나이에 친구에게 자신이 만든 작품을 선물했어요. NBC 〈투데이 쇼〉의 PD인 자넷 실러는 어린 시절부터 발레를 배워서 발레리나가 되려고 진지하게 생각했어요. 자넷은 결국 PD가 되었지만, 발레 레슨을 받으며 스스로 똑똑하다는 느낌을 받았고 자신감을 얻었으며, 그 결과 주목받는 존재가 될 수 있었다고 말합니다.

> 나는 보통 아이들보다 사회성이 떨어지는 편이었어요. 가끔은 외톨이라는 느낌을 받기도 했죠. 미술은 이런 나에게 탈출구 같은 것이었어요. 나는 학교에 내 작품을 전시했고, 미술 대회에 나가서 상도 받았어요. 그런데 영어 선생님도 미술 선생님만큼 나에게 영향을 주었답니다. 나는 작가, 시인, 문학 작품 등에 관해 간단한 그림을 그리곤 했는데, 영어 숙제를 낼 때 이런 그림을 곁들이곤 했어요. 영어 선생님은 그런 그림을 크게 칭찬해 주셨지요. 미술은 내가 고립감을 극복하는 데 매우 중요했고 크게 도움이 되었습니다.
> - 도나 야콥센, 화가 겸 일러스트레이터

미술, 춤, 음악 등 예술 분야에서의 창조적 능력뿐 아니라, 세상을 보는 독창적인 시각을 통해 남다른 자신감을 얻어 인정받은 여성들도 있어요. 인터넷 컨설팅 회사의 최고경영자이자 베스트셀러 작가인 패트리샤 세이볼드는 어려서 친구들과 함께 연극을 준비했어요. 연극과 서커스를 공연하고 자선 단체에 기부할 돈을 모금했지요. 보통 관객 한 명당 5센트를 받았어요. 이런 경험을 통해 패트리샤는 자신감을 얻고 리더십을 키웠지요. 물론 더없이 즐거운 시간이었고요.

잡지 편집자 레슬리 시모어는 자신을 '일벌'이라고 말해요. 레슬리는 특히 동시에 여러 일에 참여하는 것을 즐겼습니다. 다른 사람이었으면 기가 질려 포기하고 말았을 텐데, 레슬리는 그렇게 많은 일을 한꺼번에 처리할 수 있다는 사실을 자랑으로 여겼어요. 이런 경험을 통해 마음만 먹으면 뭐든 할 수 있다는 자신감을 갖게 되었지요. 〈보그〉 잡지에서 일하던 풋내기 작가 시절, 레슬리는 자동차에 대한 고정 칼럼을 써 달라는 제의를 받았어요. 무척 마음에 드는 일이었지만, 차를 알기는커녕 운전도 할 줄 모른다는 사실이 문제였죠. 하지만 레슬리는 포기하지 않고 다음 날 운전 학원에 등록했습니다. 면허증을 따고 얼마 안 되어 레슬리는 어마어마하게 비싼 새로 나온 스포츠카를 몰 기회를 얻었어요. 어쩌다 보니 밝은 빨간색 스포츠카를 몰고 고속도로로 나와서 시속 55킬로미터 정도로 몰고 있었지요. 함께 탄 사람이 빠른 속도로 유명한 이런 차를 왜 그렇게 천천히 모느냐고 묻자, 레슬리는 면허증을 딴 지 얼마 안 되어 속력을 내는 것이 두렵다고 실토할 수밖에 없었어요.

창조적이고 결단력이 있으며, 정말로 당차고 아주 정직한 '아이캔걸'이라면 어떤 일을 할 수 있는지 이제 알겠죠?

학습 장애 이겨 내기

어떤 과목을 특히 어려워하는 학생들이 있어요. 그중 말하기, 듣기, 읽기, 쓰기, 계산 등 기본적인 학습 능력이 매우 부족한 경우에는 '학습 장애'가 있다고 하지요. 하지만 학습 장애가 있다고 해서 똑똑하지 않다는 뜻은 아니에요. 그건 단지 여러분이 특정 분야를 남과 다르게 배우고, 다른 사람만큼 빠르게 배우려면 특별한 도움이 필요할 수도 있다는 의미일 뿐입니다. 어떤 숙제나 활동이 여러분에게는 어려울 수도 있다는 뜻이에요.

> 지금 돌아보면 나에게는 성공하지 못할 거라는 생각이 오히려 성공의 비결이었던 것 같아요. 자신에 대한 의심과 지나친 자의식을 극복하는 과정은 자신을 변화시키는 아주 강력한 경험이지요. 아무 시련 없이 모든 일이 순조롭게 풀릴 때보다 실패를 극복하고 다시 일어설 때 더욱 강해질 수 있답니다.
> **- 코니 마츠이, IDEC 제약회사 상무, 미국 걸스카우트 전국 회장**

마사 린드너를 예로 들어 볼까요? 마사는 난독증이라고 불리는 독서 장애가 있었어요. 하지만 지금은 밝은 성격의 성공한 변호사가 되었지요. 학창 시절, 마사는 다른 아이들보다 시간을 세 배 더 투자해야 같은 분량의 책을 읽을 수 있었어요. 하지만 '아이캔걸'이었던 마사는 자신의 단점을 오히려 장점으로 이용했지요. 마사는 난독증을 극복하기 위해서, 책을 완전히 이해할 때까지 읽고 또 읽었습니다. 속도는 느렸지만 그만큼 꼼꼼하게 읽을 수 있었죠. 또 선생님에게 책 읽는 방법을 알려 달라고 부탁했어요. 책을 읽을 때의 철저함, 필요할 때 타인에게 도움을 청하는 능력은 둘 다 변호사라는 마사의 직업에 도움이 되었습니다.

> 때로 자신이 최악이라고 생각했던 것이 최선으로 탈바꿈할 수도 있습니다. 경험이 적은 젊은 친구들, 특히 여성이라면 이런 사실을 알고 현명하게 대처하는 것이 중요하죠.
> **- 마사 린드너, 변호사**

어떤 성공한 여성들은 과학과 수학이 가장 어려웠다고 말했어요. 하지만 그들은 모두 끈기 있게 노력하면 그만큼 보상을 받는다는 것을 경험을 통해 깨달았지요. 어떤 사람들은 부모님, 이웃, 언니나 오빠에게 개인 지도를 해 달라고 부탁했어요. 미술, 음악, 연극 등에 소질이 있는 사람들은 이런 강점을 성적을 올리기 위해 적절히 활용했고요. 예를 들어 음악에 관심이 많고 자신이 있다면, 역사 보고서에 음악을 활용하는 방법을 궁리해 보세요. 지금 배우고 있는 시대에 유행했던 악기나 음악의 종류, 노래 등에 관한 보고서를 쓰는 건 어떨까요? 미술을 잘한다면, 지구에서 일어나는 물의 순환, 다양한 구름 모습 등을 보여 주는 자세한 그림을 덧붙여 보고서를 써 보세요. 과학 점수를 올리는 데 큰 도움이 될 거예요. 그래픽 디자이너 로덴 브르찬은 초등학교에 다닐 때 비슷한 방식으로 미술 재능을 활용했지요. 미술 선생님과 과학 선생님이 깊은 인상을 받아서 로덴이 고등학교에 들어간 뒤에도 후배들에게 그런 방법을 가르쳐 달라고 모교로 초대할 정도였어요.

누구나 가끔은 어려운 과제를 빼먹고 변명하고 싶은 유혹을 느낄 때가 있어요. 하지만 그런 방법은 똑똑한 사람이 되는 데 전혀 도움이 되지 않습니다. 성적은 더욱 낮아질 테고 기분도 나빠질 거예요. 애써 성적에 관심 없는 체하려 해도 소용없어요. 그보다는 도움을 받아서라도 과제를 끝까지 마무리하는 편이 훨씬 낫답니다. 그 과정에서 더욱 많은 것을 배우고, 스스로 '아이캔걸'이 되었다는 강한 느낌을 받게 될 테니까요!

어려서 저는 만성 기관지염을 앓았어요. 병 때문에 학교를 많이 빠지다 보니 당연히 성적도 낮아지기 시작했죠. 어느 날, 내가 수학에서 D를 받은 사실을 알고 큰오빠가 흥분했어요. 오빠는 매일 아침 6시에 나를 깨워 식탁 앞에 앉혔습니다. "넌 숙제를 하지 않았어. 숙제를 제대로 하지 않은 경우가 아니면 누구도 수학에서 D를 받진 않아." 오빠는 내가 숙제를 마치게 도와주었습니다. 그리고 내 성적은 180도 바뀌었지요.

- 리사 스미스*, 화학자

선생님의 격려

학생이 선생님을 신뢰하면 선생님도 학생을 신뢰할 확률이 높습니다. 사실 학생이 할 일은 선생님을 존경하고 배우려는 열의를 보이는 것뿐이지요. 선생님에게 감사의 마음을 전하는 성공한 여성들의 이야기를 읽어 보세요. 선생님들은 대부분 학생들에게 힘을 실어 주고 용기를 북돋워 주려 한다는 사실을 알 수 있지요. 도움이 필요하면 요청하세요. 특별한 관심이 있거나 부족한 것이 있으면 선생님에게 알리세요. 선생님의 격려는 여러분이 최고가 되는 데 엄청난 영향을 미칩니다.

내 목표는 고등학교 수학 선생님이 되는 것이었습니다. 고등학교 수학 선생님이 사람을 자극하고 분발하게 하는 역할 모델이었기 때문입니다. 게다가 여자 선생님이셨지요. 우등반 수업을 받을 때는 경제학에 푹 빠졌습니다. 경제학 선생님이 너무 훌륭했으니까요.
- 캐서린 허드슨, 브래디 사 회장 겸 최고경영자

하디 선생님은 중학교 1학년 때 영어 선생님이셨어요. 선생님은 학생들에 대한 기대가 무척 높으셨지요. 그래서 다들 선생님을 무서워했지만 나는 항상 선생님의 기대를 충족시키고 싶었어요. 선생님은 나에게 시를 가르쳐 주셨고 문법에 맞게 말하는 법 그리고 최선을 다하는 법을 가르쳐 주셨어요. 선생님은 엄격했지만 공정하셨어요. 그래서 선생님 수업에서 잘한다는 것은 나한테 아주 큰 의미가 있었습니다. 선생님 덕분에 나는 최고가 되고 싶다는 열망을 품게 되었어요.
- 데보라 로버츠, ABC 〈뉴스매거진 20/20〉 통신원

4학년 때 만났던 에디스 터너 선생님은 내 삶에 누구보다 많은 영향을 미쳤습니다. 선생님은 시대를 앞서가는 사람이었고 여행과 모험, 지구와 생태를 사랑하는 사람이었습니다. 지구 곳곳으로 상상 여행을 시켜 주었지요. 남극에 관한 과제를 제출한 적도 있습니다. 그때 나는 언제가 꼭 남극에 가 봐야겠다고 생각했습니다.

- 프랜시스 베일리스, 야생생물 사진가

나는 선생님들을 좋아했어요. 속옷을 깜빡하고 입지 않은 채 유치원에 갔던 날이 생각나네요. 눈 올 때 입는 덧바지를 입고 갔는데, 속옷 안 입은 생각이 나서 덧바지를 벗지 않으려 했지요. 선생님이 무슨 일이 나고 물었습니다. 저는 무척 창피해하면서 사정을 말했지요. 선생님은 아주 상냥하게 모든 일을 처리해 주었고, 덕분에 아무도 그 일로 나를 놀리거나 나한테 질문을 하지 않았어요. 그때 선생님들은 정말 멋진 사람이라고 생각했지요. 그래서 나도 그런 사람이 되고 싶었어요.

- 리사 헤이예스-테일러, 초등학교 교사

두뇌의 능력을 최대한 활용하는 비결

🍦 학교 과제를 기분 좋게 생각하고 열심히 하세요. 여러분이 배울 준비가 되어 있고 의지가 있다는 사실을 보여 주세요.

🍦 가능한 한 책을 많이 읽으세요.

🍦 좋은 공부 습관을 들이세요. 문제가 어려워도 포기하지 마세요.

🍦 친구들과 스터디 그룹을 만드세요. 여러분이 잘하는 과목은 여러분이 친구들을 돕고, 친구들이 잘하는 과목은 도움을 받을 수 있답니다.

🍦 일상생활에서 수학, 과학을 비롯해 다른 과목들을 활용할 방법을 찾으세요.

🍦 작문이나 보고서를 쓸 때는 상상력을 동원해 보세요.

🍦 일기를 쓰세요. 그리고 글쓰기 실력을 키울 다른 방법들을 찾아보세요.

🍦 선생님에게 가능한 한 많은 것을 배우세요.

🍦 강인한 정신력으로 약점을 극복하세요.

🍦 도움이 필요하면 도와 달라고 하세요.

Greenland

Norway Sweden
Finland

United
Kingdom

Canada   Germany Ukraine   Kazakhstan
                              France Rumania
United   Spain   Turkey
States of   NORTH   Italy   Iran
America   ATLANTIC   Morocco   Saudi   Pakistan
               OCEAN   Algeria Libya   Arabia
xico
                                        Mali   Sudan
                                            Nigeria

                                                       Uganda

                          Peru   Brazil   Tanzania
                              Bolivia
                                             Angola

                          SOUTH   South
                          ATLANTIC   Africa
                          OCEAN

Argentina

                          SOUTHERN
                          OCEAN

chapter 4

사회성을 높여라

창조성을 활용하고 시험을 잘 보는 것은 여러분의 똑똑함을 보여 줄 방법의 일부일 뿐, 결코 전부가 아니에요. 성적표에는 나타나지 않는 중요한 재능들이 있지요. 상냥함, 섬세함, 좋은 대인관계, 독립성, 강한 리더십, 신뢰성 등이 바로 그런 재능이에요. 하지만 이런 재능이 많은 '아이캔걸'들의 삶을 성공으로 이끌었답니다.

우리가 조사한 성공한 여성들 중 많은 사람은
어린 시절 자신이 독립적이었다고 말했다.
소심하고 수줍었다고 답한 여성들도 있었으나,
이런 성격을 극복하기 위해 꾸준히 노력했다.
또한 긍정적인 가치관을 지닌 친구들을 두루 사귀었다.

영원한 친구

여러분은 친구 한두 명과 가깝게 지내면서 마음속 생각과 비밀 이야기를 나누는 편인가요? 그렇다면 깊고 친밀한 관계를 좋아하는 사람일 거예요. 내가 무슨 생각을 하는지 척척 헤아리고, 힘들 때 기댈 수 있는 친구가 있다는 건 정말 행복한 일이에요.

반면에 여러 사람과 함께 있는 것을 좋아하고 친구가 많은 것을 즐기는 사람도 있어요. 여러분이 그런 편이라면 아마 스스로 아주 사교적인 사람이라고 생각할 겁니다. 하지만 언제나 네다섯 명이 넘는 친구들과 함께 있다면, 마음속 이야기를 나누기는 아무래도 어렵겠지요. 사람이 많은 집단에서는 비밀이 오랫동안 지켜지기가 쉽지 않으니까요.

친구가 많고 인기 있는 아이들은 대개 친구들을 잘 이끌고, 상냥하고, 성격이 좋아요. 그 아이들의 멋있는 점 때문에 친구들이 따르는 것이죠. 그런데 다른 아이들을 헐뜯거나 괴롭히고 왕따를 만들면서 인기를 얻으려는 아이들도 있어요. 술을 마시거나 담배를 피우는 등 몸에 해로운 일을 함께 하면서 친구들의 마음을 사려는 아이들도 있지요. 그건 별로 바람직한 인기가 아니에요. 그런 인기는 자기를 곤경에 빠뜨리고 스스로에 대해 실망하게 만들기 쉬워요.

텔레비전 뉴스 진행자인 도나 드레이브스*도 중학교에 다닐 무렵 이런 교훈을 배웠어요. 도나와 절친했던 두 친구는 종종 동네 공원에 가서 담배를 피우고 빈둥거리며 돌아다니고 남자 아이들을 만나기도 했어요. 그때 도나에게는 무엇보다 인기를 얻는 것이 중요했지요. 그래서 이런 친구들과 함께 있으려고 부모님에게 대드는 일도 서슴지 않았어요. 당연히 학교생활도 문제가 많았고요.

그때 한 선생님이 도나에게 웅변대회에 나가 보라고 권했습니다. 학생들을 잘 챙기고 늘 힘을 주는 그런 선생님이었지요. 도나는 웅변대회에서 상을 받았고, 그것을 계기로 말을 잘하는 사람이 되고 싶다는 생각을 하기 시작했어요. 그러자 긍정적인 가치관을 가진 우수한 아이들이 도나를 받아들이기 시작했어요. 도나는 자신에게 충실하고 자신의 관심사에 충실하면서도, 많은 친구들과 즐거운 시간을 보낼 수 있다는 것을 깨달았지요.

단짝 친구도 있는 데다, 다른 아이들과도 관심사를 공유하며 편안하고 즐겁게 지낼 수 있다는 건 멋진 일이에요. 하지만 친구라고 생각할 만큼 친하지 않은 아이라고 해서 곧 적이 되는 건 아니에요. 친구가 아닌 아이들과도 사이좋게 지낼 수 있답니다. 누가 진정한 친구인지, 어떤 친구에게 어떤 것을 기대할 수 있는지 아는 것은 중요한 사회적 지능이에요.

혼자 있는 시간 갖기

함께 어울릴 친구와 가족이 있다는 것은 좋은 일입니다. 하지만 '아이캔걸'은 또한 독립성을 자랑스러워합니다. '독립적'이라는 말은 자기만의 시간을 갖고, 다른 사람의 말이나 행동에 휘둘리지 않으며 중심을 지키려고 노력한다는 뜻이에요. 독립적인 사람은 자신이 하고 싶은 일을 마음 편히 하지요. 아무도 그 일을 함께 해 주지 않는다고 해도요.

독립적인 사람은 또한 누구한테 언제 도움을 청해야 할지, 스스로 일을 처리할 수 있는 때는 언제인지, 올바른 선택을 하는 방법은 무엇인지 아는 사람이에요. 독립적인 사람은 스스로 생각하고 결정할 자유가 있어요. 물론 그다음에는 자신의 행동에 책임을 져야 하지요.

또한 독립적인 사람은 혼자 있고 싶을 때는 그렇다고 친구에게 말할 수 있을 만큼 결단력이 있습니다. 쉬운 일이 아닐 수도 있어요. 친한 친구가 진심으로 옆에 있고 싶어 할 때는 더욱 그렇지요. 이럴 때 가장 좋은 방법은 정직하게 말하는 거예요. 이렇게 말해 보세요. "트레이시, 내가 너랑 함께 있는 걸 좋아한다는 것 알지? 그리고 내일은 함께 보낼 수 있다는 것도. 하지만 오늘은 나 혼자 해야 할 일이 있어." 아마 친구도 혼자 있고 싶은 시간이 있을 거예요.

친구는 잠시 실망할지도 모르지만 그래도 이해해 줄 거예요. 괜히 거짓말을 했다가 혹은 다른 사람한테 대신 거짓말을 해 달라고 부탁했다가 친구가 알게 되면 오히려 친구의 마음을 아프게 하고 우정을 깨뜨릴 가능성이 높아요. 아주 가끔씩 혼자만의 시간을 보내고 싶다고 하는데도 친구가 이해하지 못한다면, 그건 여러분의 잘못이 아니랍니다.

독립적으로 행동하는 것은 때로 두렵기도 합니다. 다른 사람들이 동의하지 않아도, 그 사람들에게 맞서면서 자기가 옳다고 생각하는 일을 하려면 자신감과 용기가 필요하기 때문이죠. 독립적인 사람은 남들이 다 하는 일을 하지 않는다고 놀림을 받거나 따돌림을 당해도 묵묵히 자신의 길을 갑니다.

혼자서도 즐겁게

혼자서도 재미있게 시간을 보낼 줄 아는 재주를 타고난 아이들도 있어요. 그런가 하면 어떤 아이들은 혼자 오래 있으면 불안해서 안절부절못합니다. 심한 경우는 슬퍼하거나 외로워하기도 하지요. 하지만 혼자서도 즐겁게 할 수 있는 일이 많이 있답니다. 일부러 혼자만의 시간을 내서 이런 활동을 해 보세요. 혼자 있는 시간을 점점 즐기게 될지도 모른답니다!

♡ 독서
♡ 일기 쓰기
♡ 주변 탐험하기(보고 들은 것들을 기록하기 위해 수첩이나 카메라, 스케치북을 가지고 다닌다)
♡ 좋아하는 주제에 관한 스크랩북 만들기
♡ 악기 연주
♡ 음악 감상(평소 자주 듣지 않는 음악으로)
♡ 독창적인 연극 대본이나 소설 쓰기
♡ 아는 사람에게 줄 선물 만들기
♡ 백과사전이나 인터넷에서 새로운 지식 배우기
♡ 애완동물과 놀기
♡ 친구나 가족한테 도움이 될 만한 무언가를 발명하기
♡ 그림 그리기
♡ 시나 노래 가사 쓰기
♡ 침실 정리하기
♡ 새로운 춤 만들어 보기

중학교 때를 생각해 보면 남자 친구를 사귀어서 놀러 다니고 싶기도 하고, 야구나 나무타기를 하고 싶기도 했어요. 말하자면 이것도 하고 싶고 저것도 하고 싶고, 마음이 변덕이었지요. 한 친구에게 유명한 야구 선수들이 사인해 준 야구공이 있었어요. 우리는 교실에서 공을 던지며 놀았지요. 나는 무리에 끼어야 한다고 생각한 적은 없었어요. 다양한 역할과 일을 해 보고 싶었습니다. 그래서 하루는 예쁜 원피스를 입고 파티에 가고, 다음 날은 청바지에 티셔츠를 입고 야구 모자를 썼던 거죠.

- 캐슬린 던, 라디오 프로그램 진행자

♡ 자전거 타기
♡ 평소 해 보고 싶었던 요리를 찾아서 어른들의 허락을 받고 만들기
♡ 퍼즐 맞추기
♡ 뜨개질이나 자수 배우기
♡ 낱말풀이
♡ 연 날리기

모두 사이좋게 지낼 수는 없을까?

어떤 아이들은 많은 아이들과 동시에 어울리는 것을 좋아합니다. 또 어떤 아이들은 적은 수의 친구들과 함께 아니면 혼자 보내는 시간을 좋아하지요. 여러분도 아마 둘 중 하나, 또는 그 중간에 들어 있을 거예요. 여러분이 어느 쪽을 좋아하든 사회성이 뛰어난 사람이 되고 싶다면, 다양한 사람들과 사이좋게 지내려고 최선을 다하세요. 그리고 외모, 행동, 옷, 취미 등 한 가지 모습만 보고 다른 사람을 이러쿵저러쿵 추측하는 일을 삼가세요.

학교와 동네에서, 아이들은 서로 '스포츠광', '도련님', '모범생' 같은 꼬리표를 붙이기를 좋아합니다. 그렇게 특징을 정해 놓고, 서로 비슷하다고 생각하는 아이들끼리 작은 집단을 만들어 어울리지요.

하지만 사람을 깊이 사귀면 이런 꼬리표는 큰 의미가 없다는 사실을 깨닫게 됩니다. 한두 단어로 표현할 수 있을 만큼 그렇게 단순한 사람은 없기 때문이에요. 사람의 성격은 여러 가지 요인의 영향을 받아 형성됩니다. 이웃, 관심사, 종교, 피부색, 성별, 혈통, 어렸을 때 먹은 요리……. 나열하자면 끝이 없지요. 내가 아는 타냐라는 아이는 자신을 '잡곡밥'이라고 말했는데 정말 적절한 표현이에요. 타냐는 이렇게 말했어요. "무슨 뜻이냐 하면요, 저도 잡곡밥처럼 온갖 재료가 섞여 있다는 말이에요."

물론 자신과 비슷한 사람과는 친해지기가 더 쉬워요. 둘 다 동물을 좋아하거나, 비슷한 음악을 좋아하거나, 가정환경이 비슷하면 말이 잘 통할 테니까요. 미소가 좋아서, 행동이나 옷차림이 좋아서, 혹은 자신과 너무 다른 모습이 좋아서 누군가와 친구가 될 수도 있지요.

꼬리표 따위는 무시하고 자신한테 충실할 수 있을 만큼 충분히 독립적인 사람도 있습니다. 하지만 누구나 또래 친구들 무리에 들어가 어울리고 싶은 마음이 들 때가 있어요. 그런데 어떤 아이들은, 자기들과 함께 다니려면 자기들과 똑같이 행동해야 한다고 말하기도 해요. 그런 것을 '또래 집단 압력'이라고 불러요.

만약 자기가 들어가고 싶은 집단에 맞춰서 자신을 변화시킨다면, 또래 집단 압력에 따라 행동하고 있는 거예요. 전에는 그렇지 않던 아이가 친구들과 어울리고 싶어서 남을 험담하거나 속이고, 물건을 훔치며, 심술궂은 말이나 욕을 하기도 해요. 혹은 다른 아이가 그런 좋지 않은 행동을 일삼는 것을 보고도 그저 웃기만 하거나 아무 말도 하지 않기도 합니다. 아이들이 종종 그러지만 가끔은 어른들도 그런답니다. 친구들이 험담을 하고 술을 마시고 담배를 피우면, 나도 끼어야 할 것 같은 생각이 드는 것이지요. 반면 친구들이 이런 행동을 보고 눈살을 찌푸린다면, 나도 그런 행동을 하지 않게 될 거예요. 이렇게 또래 집단 압력이 좋은 역할을 할 때도 있답니다.

저는 가끔 조용할 때도 있지만 결코 소심하지는 않습니다. 오히려 혼자 있기를 싫어해서 친구가 많은 것을 좋아하고, 사람들과 함께 있는 것을 좋아했습니다. 저는 이미 오래전에, 일단 사람들에게 다가가서 1초쯤 기다린 다음 "안녕, 나는 캐시 블랙이야" 하고 말하면, 보통은 사람들이 자기 이름을 알려 주고 상냥하고 친근하게 대한다는 것을 터득했습니다.
- 캐슬린 블랙, 〈허스트〉 잡지사 사장

다른 사람에게 호감을 주고 인정받고 싶은 마음은 물론 중요해요. 하지만 그것이 전부는 아닙니다. 심지를 굳게 하고 친구를 신중하게 고르면, 여러분을 좋아하면서도 긍정적인 가치관을 가진 충직한 친구를 찾을 수 있을 거예요. 그런 친구라면 여러분도 친구에게 긍정적인 영향을 주고, 친구도 여러분에게 건전한 영향을 준답니다. '아이캔걸'이라면 그런 사실을 충분히 알겠지요?

혼자서도 즐겁게, 모두 사이좋게 지낼 수는 없을까?

남을 괴롭히는 아이들

안타깝게도 어떤 아이들은 다른 아이들을 괴롭힐 때 자신이 중요한 사람이 된 것 같은 착각에 빠집니다. 어쨌든 다른 아이를 괴롭혀서는 안 되지만, 왜 이런 일이 일어나는지 알면 괴롭힘에 대처하기가 한결 수월합니다. 만약 그런 아이가 리더가 되면 다른 아이들을 제멋대로 움직이려고 비열한 방법을 쓰기도 해요. 그러면 그 아이의 무리에 속하지 않은 아이들도 심술궂게 굴어야만 또래 집단에 낄 수 있을 것 같은 압박감을 느끼게 되지요. 그렇게 해서 무리에 들어가지 않으면 그 아이에게 괴롭힘을 당할까 봐 두려울 수도 있어요.

남을 괴롭히는 아이들과 어울리다 보면 그 아이들과 똑같이 행동하고 싶은 유혹을 느끼게 돼요. 전에는 친구였던 아이들까지도 괴롭히게 될 수 있지요. 하지만 진지하게 생각해 보세요. 그렇게 비겁하고 무례한 아이들과 정말로 친구가 되고 싶은가요? 그 아이들이 학교에서 힘 있는 아이들이라고 해도 말이에요. 게다가 진정한 친구라면 결코 여러분에게 다른 누군가에게 비열하게 굴라고 강요하지 않을 겁니다. 그렇게 해야만 친구로 지낼 수 있다고 협박하지도 않겠지요. 그러니까 "남에게 대접을 받고자 하는 대로 너희도 남을 대접하라"는 황금률을 잊지 마세요. 누구에게도 함부로 대하지 마세요.

반대로 여러분이 한때 좋은 친구였던 누군가에게 버림받았다면 심정이 어떨까요? 변해 버린 친구에게 여러분의 기분을 이야기하려고 노력하세요. "너랑 친구로 지내고 싶어. 난 너한테 해가 될 일은 하지 않은 것 같아. 왜 갑자기 네가 나한테 이렇게 못되게 구는지 이해가 안 돼. 내가 뭔가 잘못했다고 생각하면 얘기해 봐. 어쩌면 함께 문제를 해결할 수 있을지도 몰라." 변해 버린 친구가 진정한 친구이고, 충분히 독립적인 아이라면 적어도 진지한 대화를 나눌 수는 있을 거예요. 만일 친구가 대화조차 거부한다고 해도 후회할 필요는 없습니다. 대화를 하려고 함으로써 옳은 일을 한 것이니까요.

독립적인 사람이 되는 것이 중요하다는 사실을 명심하세요. 몇몇 아이들이 무리를 지어 다니면서 여러분을 받아들이지 않으려 한다면, 아이들이 심술궂게 굴 때 무시해 보세요. 일단 여러분이 끄떡없다는 걸 깨닫고 나면, 여러분을 괴롭히는 일에 흥미를 잃을 거예요. 플루트 연주자 마샤 아론즈는 중학교에 다닐 무렵 그런 일을 겪었어요. 마샤는 우등생에 클래식 음악을 좋아한다는 이유로 아이들한테 괴롭힘을 당했습니다. 한동안 가요를 들어 보려고 노력하기도 했지만 아이들은 여전히 마샤를 따돌렸지요. 그러다가 중학교 2학년 여름 방학에 클래식 음악 캠프에 참가하게 되었어요. 그곳에서 마샤는 비로소 자신과 비슷한 관심사를 가진 아이들, 자신을 있는 그대로 받아들여 주는 집단을 찾았어요. 여기서는 아무도 자기를 헐뜯거나 욕하지 않았지요. 마샤는 이제 다른 아이들이 자기를 괴롭혀도 예전처럼 힘들어하지 않았습니다.

자신을 받아들이지 않는 사람들 때문에 안달하기보다는 여러분을 받아들여 줄 새로운 친구를 찾으세요. 음악, 운동, 자원봉사 활동처럼 관심 있는 일을 하며 바쁘게 지내세요. 친구가 없어 우울하면 학교 선생님과 대화를 해 보세요. 선생님이 모임을 열어서 아이들끼리 서로 다른 점을 이야기하고 우정을 기르도록 도와줄 수도 있습니다. 평소에 친하게 지내는 어른에게 고민을 털어놓아도

좋아요. 여러분을 이해하고 어려운 시기를 헤쳐 나가는 데 도움을
줄 거예요.

아이들이 그저 별명을 부르는 정도가 아니라 더 심하게 괴롭힌다
면, 무시만 하고 있어서는 안 됩니다. 만일 어떤 아이가 여러분을
때리거나 다치게 하려고 한다면, 믿을 만한 어른을 찾아가 말해
야 합니다.

어렸을 때 이웃 남자 아이가 나를 괴롭힌 적이 있었어요. 딱 봐도
일부러 싸움을 걸려고 한다는 것이 분명했죠. 나는 그 아이를 이
리저리 가늠해 보고 내가 이길 수 있겠구나 생각했습니다. 그래서
말했죠. "난 싸우고 싶지 않아. 하지만 네가 원한다면 어쩔 수 없
지. 그래 봐야 너만 된통 깨지겠지만." 그러자 퍽! 남자 아이가 강
펀치를 날렸고 나는 울면서 집으로 뛰어갔어요. 결국 나는 맞고 나
서 배웠지요. 여러분도 비슷한 상황에 있다면 집이나 학교에 있는

내가 어떤 사람이 되어 일을 하며 살 것인가를 결정한 최초의 계기는
초등학교 4학년 때로 거슬러 올라갑니다. 조지아 주에서 살았던 나
는 당시의 인종차별적인 정책을 생생하게 겪었고 지금도 기억합니
다. 그때는 흑인 전용 대기실이 있었고 흑인 학교가 따로 있었죠. 흑
백 통합 학교로의 전학은 초조하고 불안하면서도 한편으로 경이로운
탐색의 시간이었습니다. 난생처음 백인 친구들을 사귀었고 엄청나게
두렵게만 보였던 세상이 생각만큼 무서운 것은 아니라는 사실도 깨
달았지요. 중학교 1학년 때 치어리더에 지원했는데 떨어져서 많이 속
상했어요. 그래서 다음 해에 다시 지원했고 이번에는 당당하게 뽑혔
습니다. 이런 경험으로 나는 용기를 얻었고, 잘해 나갈 수 있다고 생
각하게 되었습니다.
- 데보라 로버츠, ABC 〈뉴스매거진 20/20〉 통신원

어른한테 말하세요.

다른 아이들이 알게 되면 여러분을 고자질쟁이라고 부를 수도 있을 거예요. 하지만 아이들이 그렇게 부른다고 해서 여러분이 정말 고자질쟁이가 되는 건 아니에요. 혼자만 착한 사람인 척하려고, 다른 친구들은 나쁜 아이로 만들면서 이야기하는 것이 고자질이죠. 하지만 위협을 받을 때 어른에게 알리는 것은 고자질이 아니에요. 폭력을 방지하고 안전하게 생활하기 위해 꼭 필요한 일일 뿐이에요.

실비아 박사님께 : 사회성에 관한 질문

여러분이 얼마나 사교적인 성격이든, 다른 사람들과 잘 지내면 일이 훨씬 수월해집니다. 많은 아이들과 함께 있는 것이 편안하지 않다고요? 너무 걱정하지 마세요. 언제 어디서든 여러분은 성장하고 발전할 수 있으니까요. 바로 지금부터 사회성을 기르면 된답니다. 여러분 또래의 여자 아이들이 고민을 털어놓았어요. 그 친구들의 고민을 살펴보고 내가 내놓은 해결책도 읽어 보세요. 여러분이 사회성을 키우는 데 도움이 될 거예요.

실비아 박사님께

아이들은 저한테 잘해 줘요. 하지만 전 그 아이들과 친구라는
느낌이 들지 않아요. 전 정말 다른 아이들과 다른 것 같아요.
어떨 때는 남들이랑 다른 게 좋기도 해요. 제가 특별한 사람인
것 같잖아요. 하지만 싫을 때도 있어요. 외로운 느낌이 드니
까요. 어떻게 해야 할까요?

- 함께 있어도 외로운 아이가

함께 있어도 외로운 아이에게. 특별한 재주나 남다른 생각, 독특한 관
심사를 가진 것은 정말 좋은 일이야. 너를 다른 아이들과 구별되는
특별한 사람으로 만들어 주니까. 이런 독특한 자질은 네가 스스로
를 아는 데도 도움이 되지. 하지만 때로 나만 동떨어졌다거나 외롭
다는 느낌을 받기도 해. 친구들과 비슷한 옷을 입거나 비슷한 머리
모양을 해 보면 어떨까? 그러면 친구들과 좀 더 가까워졌다는 생
각이 들 거야. 다른 아이를 따라 하는 것은 전혀 나쁜 일이 아니야.
너 자신이나 식구들이 좋아하지 않는 길로 너를 이끄는 아이만 아
니라면 말이지. 믿음직한 어른에게 고민을 털어놔 보렴. 언제 다른
아이들을 따라 하는 것이 좋고, 언제 너 자신을 드러내는 것이 좋
을지 판단하도록 도와줄 거야.

청소년 단체나 지역 공동체, 종교 단체 등에서 성격과 관심사가 비
슷한 친구들을 찾아보는 것도 좋아. 그런 모임에서는 더 잘 적응
하고 있다는 생각이 들고 마음이 편안해질 거야. 독립적으로 행동
하는 데도 익숙해질 시간은 필요하단다. 하지만 성공한 '아이캔걸'

들은 스스로를 믿고 각자의 길을 걸었다는 사실을 잊지 마. 가끔은
외로웠지만 자기 길을 포기하지 않았어.

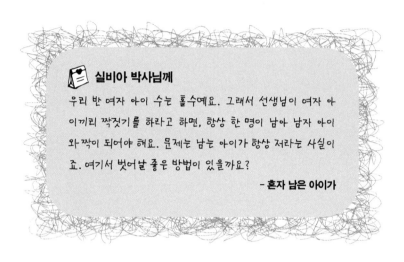

실비아 박사님께

우리 반 여자 아이 수는 홀수예요. 그래서 선생님이 여자 아
이끼리 짝짓기를 하라고 하면, 항상 한 명이 남아 남자 아이
와 짝이 되어야 해요. 문제는 남는 아이가 항상 저라는 사실이
죠. 여기서 벗어날 좋은 방법이 있을까요?

- 혼자 남은 아이가

혼자 남은 아이에게. 우선 따로 선생님을 찾아가 짝짓기를 할 때 한두
쌍은 세 명으로 허락해 달라고 살짝 말하는 방법이 있어. 그러면
너도 여자 짝을 고를 수 있고, 남은 남자 아이도 그럴 수 있겠지?
아니면 선생님이 여자 아이들이 번갈아 가며 남자 아이와 짝을 하
게 할 수도 있고, 때로는 네가 먼저 짝을 고르게 허락해 줄 수도 있
어. 일단 부탁해 보는 거야 손해 볼 것 없지. 선생님이 계속 지금처
럼 짝을 짓게 하겠다고 하면, 열린 마음으로 짝과 친해져 보려고
노력하렴. 짝이 남자든 여자든 상관하지 말고. 두 사람이 결국에는
친구가 될 수도 있단다.

실비아 박사님께

저는 생일 파티 초대도 자주 받는 편이고 친구도 많아요. 하지만 그런 곳에서 처음 보는 아이들과 함께 있으면 불편하고 수줍음을 많이 탑니다. 잘 아는 가까운 친구들과 있을 때를 빼고는 마땅한 이야깃거리를 찾지 못하는 것 같아요.

- 무슨 말을 해야 할지 모르는 아이가

무슨 말을 해야 할지 모르는 아이에게. 수줍음 많은 것을 걱정하지 말고, 파티에 가기 전에 좋은 이야깃거리를 생각해 보렴. 취미나 영화, 좋아하는 가수, 읽은 책에 대한 이야기 같은 것이 좋아. 질문을 생각해 놓아도 좋고. 일단 다른 아이한테서 말을 끌어내면 대화는 저절로 흘러가게 돼 있지. 처음 만난 아이와 단 둘이 이야기하는 것보다는 서너 명이 함께 어울리는 쪽이 오히려 쉽다는 것도 알아 두렴. 둘만 있을 때보다는 덜 긴장되거든. 네가 아는 이야기가 나올 때까지 대화를 듣고만 있어도 괜찮아. 우스운 이야기를 알고 있다면, 그런 기회에 말해 봐. 함께 웃다 보면 모두가 긴장을 풀게 된단다.

실비아 박사님께

저는 지금 6학년이에요. 그런데 중학생 오빠들이 저한테 자꾸 친하게 굴어요. 어떤 면에서는 그게 좋아요. 인기가 있는 것 같고, 다른 아이들도 부럽다고 하니까요. 하지만 저는 아직 남자 친구를 사귈 준비가 되지 않았어요. 제 몸이 다른 여자 아이들보다 어른스럽다는 것은 알고 있어요. 남자 아이들이 그렇게 말하는 소리도 들었고요. 창피해서 숨고 싶고 작아지고 싶을 때도 있어요. 내 외모만 보고 나를 좋아하는 건 싫어요. 부모님도 지성과 성격이 중요하다고 늘 강조하시죠. 그렇다고 굳이 외모를 감추고 싶지도 않고요. 어떻게 생각하세요?

- 조숙한 아이

조숙한 아이에게. 매력적이면서 똑똑한 것이 문제는 아니지. 오빠들에게 아직 남자 친구를 사귈 생각이 없다고 분명히 말해도 잘못이 아니야. 걸스카우트 같은 여학생 단체나 여학생만 참가하는 운동을 해 봐. 그러면 긴장이 좀 풀리고 편안해질 거야. 너와 관심이 비슷한 아이들을 두루 만나 보렴. 머지않아 다른 여자 친구들도 너처럼 성숙해질 거야. 그땐 너도 별로 남들과 다르다는 생각이 들지 않을걸.

공감 능력과 감수성 계발하기

'동정심'은 다른 사람의 감정을 예민하게 느끼는 마음을 말합니다. '공감'한다는 것은 다른 사람의 감정에 매우 예민해서 그 사람의 마음속에 들어가 있는 듯, 그 사람과 함께 느낀다는 뜻이지요. 다른 사람들의 감정을 잘 이해하면 문제가 생겼을 때 많은 도움이 됩니다. 특히 다른 아이들과 문제가 있을 때요.

다른 사람의 생각을 이해하는 것과 여러분의 생각을 바꾸는 것은 다른 문제입니다. 다른 사람의 생각을 이해했다고 해서 반드시 자기 생각을 바꿀 필요는 없다는 것이지요. 정말 친한 친구라도 항상 의견이 같을 수는 없어요. 하지만 이럴 때도 왜 상대방이 그런 생각을 하는지 알면 도움이 됩니다. 의견 차이가 있을 때 서로 공감하려고 노력하면 양보하고 타협하는 데 도움이 되기도 하지요.

다른 사람의 생각을 제대로 이해하려면 이야기를 많이 들어야 합니다. 가장 친한 친구 사이라도 마찬가지예요. 만약 여러분이 잘 공감해 주는 친구라면, 친구들은 여러분을 쉽게 믿고 속마음을 털어놓을 거예요. 하지만 친구들이 편하게 속마음을 이야기하는 것이 좋기만 하지는 않답니다. 재밌는 이야기를 털어놓을 때도 있지만 걱정거리나 두려운 비밀을 털어놓을 수도 있거든요. 그럴 때는 이야기를 잘 듣고 공감해 주면 충분해요. 다만 그 비밀이 누군가를 위험에 빠뜨리거나 여러분을 위협하는 것이라면 듣고 가만히 있어서는 안 돼요. 예를 들어 친구가 가게에서 물건을 훔쳤다거나, 밥을 먹은 뒤 억지로 구역질을 해서 토한다거나, 낙담해서 자해를 하려 한다면 곧장 어른한테 알려야지요.

친구에게는 이렇게 말해 줄 수 있을 거예요. "그 문제는 너나 내가 감당하기에 너무 벅차. 너를 곤란하게 할 생각은 없지만 어른들한 테 얘길 해야겠어. 네가 너무 걱정돼서 비밀로 해 둘 수가 없으니 까." 친구가 소리를 지르거나 화를 낼 수도 있겠지요. 하지만 진정 한 친구라면 심각한 문제는 알려야 합니다.

친절도 지나치면 해롭다

친절은 정말 훌륭한 태도입니다. 친절한 사람은 대개 섬세하고 이 해력이 좋아서, 다른 사람과 공감하기 쉽고 남을 잘 배려하지요. 어렸을 때 친절한 사람이 어른이 되어서도 선행을 계속하는 경우 가 많습니다.

하지만 친절이 지나칠 수도 있답니다. 예를 들어 친구가 성적 때문 에 고민하다가 숙제를 보여 달라고 부탁했다고 해 봐요. 여러분의 친절한 마음은 보여 주고 싶은 유혹을 느끼겠지요. 친구가 여러분 만큼 공부를 잘하지 못한다면, 더욱 보여 주고 싶을 거예요. 하지 만 여러분이 숙제를 보여 주면 친구는 공부를 하지 않게 되고 친구 의 실력은 더욱 떨어질 거예요. 결국 친구의 자신감과 자존감은 상 처를 입게 되겠지요. 게다가 선생님이 알게 되면 부정행위를 했다 고 야단을 칠 거예요. 사실 부정행위를 한 것이 맞고요. 진정한 친 절이란 친구한테 이렇게 말하는 것이죠. "안 돼. 숙제를 전부 보여 줄 수는 없어. 대신 괜찮다면 문제 푸는 걸 도와줄게."

물론 마음의 준비를 단단히 해야 해요. 친구가 화를 낼 수도 있고 절교를 하겠다고 나올 수도 있으니까요. 하지만 만일 친구가 그렇 게 화를 낸다면 잘 생각해 보세요. 옳지 못한 일을 하라고 부추기고, 그러지 않으면 절교하겠다고 으름장을 놓는 그런 친구와 정말 계속 친구로 지내고 싶은가요? 자기 자신에게 정직해지기 위해서 부탁을 거절해야 할 때도 있는 법이에요. 마음을 단단히 먹으세요. 가치관을 분명하게 하고, 스스로를 소중히 해야 한다는 사실을 명심하세요.

다른 예를 들어 볼까요? 친구가 금요일 저녁에 자기 집에서 자고 가라고 하는데, 여러분 가족은 금요일 저녁이면 모두 모여 보드게임을 한다고 생각해 봐요. 아빠는 자주 출장을 다녀서 주중에 보지 못했기 때문에, 여러분은 집에 가서 아빠를 보고 싶어요. 하지만 가장 친한 친구의 제안이다 보니, 거절하면 친구의 마음을 상하게 할까 봐 걱정이 돼요. 그럴 때는 어떻게 말해야 할까요? "메이트리스, 오늘은 아빠가 출장에서 돌아오셔서 식구들과 함께 있고 싶어. 네가 속상해하지 않았으면 좋겠다. 내일 낮에 함께 놀 수 있을 거야. 그리고 자고 가는 건 다른 날로 하자."

솔직하게 말하는 것이 좋습니다. 엄마가 허락하지 않았다든지 하면서 이유를 꾸며내지 마세요. 거짓말을 버릇처럼 하다 보면 나중에는 친구에게 신뢰를 잃게 됩니다. 친구 사이에는 무엇보다 정직이 중요해요. 물론 친구는 실망을 할 테고, 여러분은 그게 속상하겠지요. 하지만 친구 사이에도 가끔 거절하는 법을 배우는 것은 무척 중요해요.

아빠 엄마는 제 사회성에 문제가 있다고 걱정을 하셨어요. 제가 너무 부끄럼을 탄다고요. 제가 가끔 큰 소리로 말하는 걸 두려워하는 건 사실이에요. 특히 학교에서 그렇지요. 하지만 식구들이나 친한 친구들과 함께 있을 때는 전혀 얌전하지 않은걸요. 엄마는 걱정이 되셨는지, 주말마다 친구들을 집에 데려와 함께 놀라고 하셨죠. 하지만 저는 엄마가 잘못 생각하고 있다고 생각했어요. 저는 학교에 친구들이 많고, 가끔은 집에 데려오는 것도 좋아요. 하지만 대개는 언니들과 놀거나 혼자 있는 걸 좋아하지요. 하지만 아무도 제 말을 믿지 않는 눈치였어요.

마침내 저는 엄마와 이야기를 해 보기로 마음먹었어요. "엄마, 저는 언니들만큼 사교적이지 않아요. 그리고 책을 읽거나 그림을 그릴 때는 혼자 있는 게 좋아요. 전 축구도 하고 스카우트 활동도 좋아하고 학교에 친구도 많아요. 하지만 주말은 친구들과 노는 것보다 식구들과 같이 보내거나 혼자 있는 게 좋아요. 이해해 주셨으면 좋겠어요." 엄마는 그러겠다고 하셨어요. 그리고 엄마도 제 나이 때 별로 사교적이지 않았다고 털어놓으셨죠. 우아, 얼마나 마음이 놓였는지! 전 정말로 혼자 있는 시간을 바랐거든요. 소심하게 굴지 않고 엄마한테 의견을 말하길 정말 잘했다 싶었어요. 엄마가 과연 나를 이해해 주실까 반신반의했는데, 엄마는 저를 이해해 주셨어요.

- 앨리

수줍음과 무대공포증 극복하기

미국에서 처음으로 여성 연방대법관이 된 샌드라 데이 오코너 판사는 어린 시절 수줍음과 소심함을 극복하고 성공한 사람이에요. 활발하고 힘찼던 미술 선생님의 격려와 꾸준한 연습 덕분에 이제는 늘 큰 소리로 말하는 사람이 되었습니다. "선생님이 가르쳐 주시는 대로 사람들 앞에서 일어나 말하는 법을 배웠어요. 평생 저한테 도움이 된 귀중한 경험이었죠."

평소에는 소심했지만, 자신이 옳다고 믿는 것을 위해 목소리를 높이기 시작하는 경우도 많아요. 식품 회사인 비치넛 사의 사장이었던 수잔 위드햄이 바로 그런 경우였지요.

수잔이 처음 비치넛에서 일하기 시작했을 때 회사 상황은 썩 좋지 않았어요. 수잔은 아기를 키우는 젊은 엄마로서 건강한 유아식이 무엇보다 중요하다고 믿었어요. 어느 날 수잔은 슈퍼마켓에 갔다가 사장을 만났어요. 수잔은 수줍음을 많이 탔지만, 사장을 불러 세우고 회사 유아식에 대한 아이디어를 말했죠. 수잔은 곧장 유아식 부서로 배치되었고 부서는 좋은 실적을 거두었어요. 덕분에 수잔은 비치넛 사 최초의 여자 사장이 되었답니다.

법률가나 정치가, 언론인으로 일하는 여성들 중 많은 사람이 학창 시절에 학생회나 토론 모임에 참여했고, 연극을 하거나 웅변대회에 나갔어요. 이런 활동이 자신감을 키우고 말을 잘하는 데 큰 도움이 되었지요.

텔레비전 뉴스 진행자 제인 폴리를 예로 들어 볼까요? 제인은 고등학교에서 치어리더가 되고 싶었지만 오디션에 떨어졌어요. 제인은 크게 낙담했지요. 그때 학교 토론반 선생님이 토론반에 들어

오라고 제인을 설득했어요. 토론반에 들어간 제인은 반대편 학생들이 두려워하는 유능한 토론자가 되었지요. 이 경험에서 얻은 자신감 덕분에 텔레비전 뉴스 진행자가 되었답니다.

나중에 화려한 조명을 받는 그런 일을 하고 싶은가요? 검사인 마사 코클리는 중학교 시절 자기 말재주가 뛰어나다는 사실을 알게 되었어요. 하지만 다른 여자 아이들은 사람들 앞에서 자기 의견을 말하려면 나이가 더 들어야 한다고 생각하면서 말하기를 어려워했지요. P&G의 마케팅 책임자인 타마라 미닉 쇼칼로는 발표도 노래도 학교 연극 주인공도 어려움 없이 척척 해내는 소녀였어요. 하지만 문제가 있었습니다. 할 말을 미리 외워 놓지 않으면 긴장해서 제 실력을 발휘하지 못했거든요. 어떨 때는 너무 두려워서 현기증이 날 정도였어요. 하지만 꾸준히 노력하자 이런 증상은 점점 나아졌어요.

수줍음과 무대공포증을 극복하는 법은 혼자서도 익힐 수 있어요. 도움이 되는 비결이 몇 가지 있답니다. 사람들이 나를 어떻게 생각할까, 또는 내가 말하는 내용에 대해 어떻게 생각할까 고민하지 말고, 여러분이 말할 내용 자체에 집중하세요. 남들이 어떻게 생각할지 고민하는 데 정신이 팔리면, 어떻게 여러분이 전하려는 이야기에 집중할 수 있겠어요? 그리고 말하는 내용이 옳은지 그른지를 너무 걱정하면, 머릿속 생각을 표현할 적절한 단어를 고르는 데 집중하기 어려워요.

사람들 앞에서 말하지 않는 것은 어떤 의미에서 자신을 감추는 것과 비슷해요. 언제나 말하기 전에 우선 생각을 해야 하고, 막상 말을 하려면 너무 걱정이 될지도 몰라요. 하지만 그런 식으로 자꾸 숨으려고 하지 마세요. 말을 하지 않으면 마음이 좀 더 편할 수는 있겠지만, 그렇게 해서는 다른 사람이 자신을 좋아하게 만들 수 없어요. 좋아하기는커녕 여러분을 알 수조차 없겠지요. 자기 자신에게 충실하고, 다른 사람이 여러분을 있는 모습 그대로 받아들일 거라고 믿으세요. 만약 있는 그대로 받아들이지 않으면, 그건 그 사람들이 문제이지 여러분이 잘못한 게 아니에요.

평소 말이 없는 사람이라도, 확실한 동기가 생기면 사회적 자신감을 계발할 수 있어요. 찬성하지 않는 의견에 찬성하거나, 잘못되었다고 생각하는 일을 따라 하는 것보다는 자기 의견을 밝히는 편이 훨씬 나으니까요. 침묵은 때로 엉뚱한 긍정으로 받아들여지기도 하기 때문이에요. 여러분이 의견을 말했을 때 일어날 수 있는 가장 나쁜 일은 남들이 동의하지 않거나 지적하는 일 정도랍니다. 그렇게 무시무시한 일도 아니죠. 이런 일은 모든 사람에게(심지어 반에서 가장 외향적이고 인기 좋은 아이한테도) 일어나는 일이니까요. 그러니 당당히 나서서 이야기하세요. '아이캔걸'의 목소리를 들려주세요.

제 이름은 라케이샤입니다. 저는 노래를 아주 좋아하지요. 봄맞이 공연을 준비할 때의 일입니다. 공연에서 부를 노래 중에 "파라오, 파라오, 그는 우리의 왕이시다"라는 노래가 있었습니다. 가락이 좋아 가사에 신경을 써서 들었어요. 그런데 파라오는 우리의 왕이 아니라는 생각이 계속 드는 거예요. 유대인 노예들을 풀어 주지 않았으니까요. 우리 반에는 증조부모가 노예였던 아이들도 있었습니다. 그러니 그런 노래를 부르는 것은 옳지 않다 싶었습니다. 친구한테 말했더니 친구도 제 생각에 동의했습니다.

그날 밤 엄마에게 고민을 이야기하고, 선생님에게 다른 노래를 부르면 어떻겠느냐고 물어봐도 괜찮을지 의견을 들려 달라고 했습니다. 엄마는 선생님에게 말해 보라고 격려해 주셨지만, 선생님이 거절할 수도 있으니 각오하라고 했습니다. 결과야 어떻든 일단 말은 하고 싶었습니다.

다음 날 친구와 함께 음악 선생님께 갔습니다. 이야기하는 동안 친구가 옆에 있어서 얼마나 다행이었는지 모릅니다. 저는 아주 공손하게 제가 걱정하는 점을 말했습니다. 선생님은 깜짝 놀란 표정을 지었습니다. 그렇게는 전혀 생각을 못 해 봤다면서 좀 더 생각해 보겠다고 했습니다. 그리고 내키지 않으면 노래를 부르지 않아도 좋다고 하셨습니다. 곡이 바뀌지 않아 저는 실망했지요.

하지만 일주일 뒤 깜짝 놀랄 일이 생겼습니다. 선생님이 파라오 노래를 부르지 않겠다고 하시면서 대신에 "모세를 따라가자"라는 노래를 가르쳐 주신 것입니다. 나는 "내 백성을 보내라, 내 백성을 보내라"라는 후렴구를 신이 나서 불렀습니다. 용기를 내어 선생님한테 말하길 정말 잘했다고 생각했지요. 어린아이라도 때로 중요한 영향을 미칠 수 있답니다.

- 라케이샤

110

자신 있게 말하는 법

그래도 남의 주목을 받는 일이 망설여지나요? 사람들 앞에서 말하기가 서서히 편안해지는 방법을 몇 가지 알려 줄게요.

말이 너무 없다면. 틀린 말을 할지도 모른다는 생각에 사람들 앞에서 말하기가 두렵다면, 메모지를 가지고 다니면서 여러분이 말하고 싶은 내용을 적어 보세요. 그리고 다른 아이들이 여러분과 같은 생각을 말한다면, 그 횟수를 적어 보세요. 또 맞은 내용은 몇 개였는지 세어 보세요. 그 내용을 큰 소리로 발표했다면, 옳은 이야기를 한 셈이겠지요. 그런 다음 두려워도 기회를 잡아 말하세요. 하루에 최소 한 번은 발표를 하는 것으로 시작하세요. 일주일 뒤에는 하루에 최소 두 번으로 늘리세요. 머지않아 선생님, 친구들 그리고 여러분 스스로도 자신이 얼마나 똑똑한지, 얼마나 잘 아는지 깨닫게 될 거예요.

말이 너무 많다면. 여러분이 말할 때 다른 아이들이 잘 듣지 않는 것처럼 보이거나, 여러분이 잘난 척을 한다고 생각한다면, 더 적은 말로 자신을 표현하는 방법을 찾아야 합니다. 손을 들고 발표하기 전에 잠깐 생각을 정리할 시간을 만드세요. 머릿속으로 생각해도 좋고 종이에 간단히 써 봐도 좋아요. 요점을 명확하고 간결하게 말할 때 깊은 인상을 줄 수 있답니다. 그리고 아이들이 귀 기울여 듣는다는 느낌도 들 거예요.

모르는 것은 이야기하세요. 질문하는 것을 두려워하지 마세요. 질문을 하지 않으면 모르는 것을 어떻게 배울 수 있겠어요? 선생님과 부모님, 반 친구들도 모두 기꺼이 지식을 나눠 줄 거예요. 비슷한 궁금증을 품고도 두려워서 말하지 못했던 친구들은 대신 질문해 준 여러분에게 고마운 마음이 들겠죠. 하지만 공연히 관심을 끌려고 어리석은 질문을 던지는 실수는 하지 마세요. 정말 짜증나는 일이니까요.

우리 체로키 인디언 부족은 미국 안에서 '체로키 부족국가'로 자치 정부를 이루어 모여 살고 있어요. 우리는 많은 어려움을 안고 있었습니다. 집이 없는 부족민이 많았던 것이 큰 문제들 중 하나였지요. 나는 눈앞에 있는 문제들을 어떻게든 해결하고 싶었어요. 자신이 없어질 때도 있었지만 열정은 충분했답니다. 그래서 나는 추장 선거에 나가기로 했지요.
- 윌마 P. 맨킬러, 체로키 부족국가 최고 추장

어릴 적 나한테는 좋은 친구들이 몇 명 있었습니다. 그래도 나는 주로 외톨이로 지냈죠. 친구가 적은 것은 모두 내 잘못이라고 생각했습니다. 나는 예민한 데다 쉽게 어울리기 힘든 성격이었거든요. 그러다 보니 혼자 있는 것을 즐기게 되었고 스스로 일을 처리하는 법을 터득하게 되었습니다. 나는 농장에서 자랐는데 동물들과 함께 있는 것을 좋아했고 숲을 산책하는 걸 좋아했어요. 지금도 그렇습니다. 사람들에게서 거리를 두는 것이 전체를 바르게 보는 가장 좋은 방법인지도 모릅니다.
- 크리스틴 토드 휘트먼, 미국 환경보호국 국장, 전 뉴저지 주지사

나는 가장 예쁜 아이도 가장 인기 있는 아이도 아니었습니다. 오히려 검은색 곱슬머리를 가진 볼품없는 아이였지요. 쭉 뻗은 곧은 머리가 유행일 때는 곱슬머리가 신경에 거슬려 파마를 해서 펴고 다니기도 했습니다. 그래도 저는 학생회에서 아주 적극적으로 활동했습니다. 나의 믿음을 대변하고 옹호하는 일에 헌신적이었습니다.
- 셸리 버클리, 하원의원

시 낭송회나 연극반을 만들어 보세요. 공연은 사람들 앞에서 말하는 법을 연습하기에 좋은 기회예요. 연극이나 시 낭송은 발표나 연설을 하는 것보다 훨씬 쉽거든요. 할 말을 미리 보고 외울 수 있으니까요. 시 낭송회나 연극반 모임을 열 때 간단한 과자나 음료수를 준비하는 것도 좋아요. 간식을 먹으면서 화기애애한 분위기를 만들면, 앞에 나서서 발표하는 일이 별로 어렵지 않을 거예요.

토론에 참여하세요. 토론을 할 때 양쪽 진영은 어떤 문제에 관해 서로 다른 의견을 주장하지요. 주제도 정치 문제나 교칙, 복장 규정까지 다양하답니다. 토론을 하면서 사람들 앞에서 발표하는 연습을 할 수 있지요. 게다가 사람들이 옳거나 그른 것이 아니라 서로 의견이 다를 뿐이라는 것을 깨닫게 될 때도 있어요.

학생회나 학급 임원 선거에 출마하세요. 여러분이 정치에 관심이 있고 학교에 학생회가 있다면 임원에 출마해 보세요. 임원이 되어 하고 싶은 일을 설명하는 연설문을 만들고 독창적인 유세 표어도 정해 보세요. 혹시 당선되지 못해도 배우는 것이 많을 거예요. 그리고 다음에 다시 도전할 수 있는 자신감도 생기겠지요.

조용한 리더십

리더십은 평생 여러분한테 도움이 될 또 다른 사회적 지능이에요. 어떤 아이들은 책임을 맡는 일을 천성적으로 편안하게 받아들이죠. 여러분이 그런 아이라면 행운아라고 볼 수 있어요. 하지만 그렇지 않다면, 다른 사람과 나눌 만한 좋은 아이디어가 풍부한 사람일 가능성이 높습니다. 이런 사람의 강점은 앞에 나설 때가 아니라 무대 뒤에서 일할 때 발휘됩니다. 말하자면 조용한 리더십을 발휘하는 유형인 것이지요.

예일대 의대 학장인 멀 왁스먼이 바로 조용한 리더십을 발휘한 사람이에요. 멀은 자신은 책임을 맡기보다는 조용히 뒤에서 일을 처리하는 유형이라고 표현했습니다. 멀은 많은 학교 봉사 단체에서 활동했는데, 임원이 되기보다는 평범한 단원으로 활동에 참여하기를 좋아했지요. 조직을 이끄는 것보다 조직에 협조하는 방식을 더 좋아했던 거예요. 예일대 의대 학장인 지금도 이런 협조적인 리더십을 발휘해 교수와 학생들이 불만을 해결하도록 돕고 있어요.

여러분은 어떤가요? 무대에서 스포트라이트를 받는 편이 좋은가요, 아니면 물러서 있는 것이 편안한가요? 무슨 일을 하든지 여러분에게 어울리는 리더십을 발휘해 보세요.

> 리더십에서 가장 중요한 요소는 긍정적인 태도입니다. 사람들은 불평에 가득 차 있거나 부정적인 리더, 포기하는 리더를 따르려 하지 않습니다. 진보적이고 긍정적인 태도를 가졌다면, 장애물도 의욕을 북돋우는 도전이자 과제 정도로 생각할 것입니다. 소녀들은 밝고 긍정적인 지도자가 되기 위해 노력해야 합니다.
> - 윌마 P. 맨킬러, 체로키 부족국가 최고 추장

I CAN GIRL

사회성을 기르는 비결

🍦 자신의 가장 좋은 친구가 되세요. 혼자만의 시간을 갖는 습관을 들이세요.

🍦 누가 진정한 친구인가를 알고 그 친구에게 좋은 친구가 되어 주세요.

🍦 남이 나에게 해 주었으면 하는 대로 남을 대하세요. 가능한 한 친절하게 대하되 자신을 돌보지 않을 정도로 지나친 친절을 베풀지는 말아야 합니다.

🍦 자신이나 다른 사람을 겉만 보고 판단해서 꼬리표를 붙이지 마세요. 모든 사람을 있는 그대로, 독특한 개성을 지닌 한 명 한 명으로 인정하세요.

🍦 독립심을 가지세요. 친구들의 압력에 굴복하지 말고 스스로 옳다고 생각하는 대로 행동하세요.

🍦 험담하고 괴롭히는 사람이 있으면 가능한 한 무시하세요. 그래도 같은 일이 반복되거나 혼자서 감당하기 어려운 문제가 생기면, 믿을 만한 어른을 찾아 도움을 구하세요.

🍦 할 말이 있을 때는 큰 소리로 분명하게 말하세요.

🍦 필요할 때는 도움을 청하고 다른 사람한테 알리세요. 그런 행동에 후회하지 않을 거예요.

Yu-Na Kim
Figure Skater.

YunJin Kim
Hollywood Actress

Yi So-yeon
Korean's First
Astronaut

Sumi Jo
Coloratura Soprano

chapter 5

재능을 찾아 갈고 닦아라

항상 승자이거나 항상 패자인 사람은 없어요. 야구 선수들도 어떤 때는 장외 홈런을 쳐서 멋진 타격 솜씨를 뽐내지만, 바로 다음에 삼진 아웃을 당하기도 하잖아요? 예행연습을 할 때는 자신만만하지만, 진짜 공연이 시작되면 무대 공포증 때문에 꽁꽁 얼어 버리는 사람들도 있어요.

그래도 어떤 일에 자주 성공한다면, 경쟁에 참가해 스스로의 능력을 시험해 보는 게 어떨까요? 자신이 성장하고 발전하는 모습을 지켜보는 것은 즐거운 일이에요. 어렵다고, 심지어는 불가능하다고 생각했던 일을 해내기 시작하면, 자신감을 키우고 자제심을 배울 수 있어요. 메달이나 자격증, 트로피나 상장 같은 것도 받을 수 있지요. 어쩌면 우승자가 될 수도 있고요. 학교 조회 시간에 여러분이 작사한 노래를 듣거나, 여러분의 그림이 동네 도서관에 전시된 모습을 보게 될지도 모르지요. 학생회 임원으로 활동할 수도 있어요.

우리가 조사한 성공한 여성들 중 많은 사람은
어렸을 때 여러 가지 대회에 나가 상을 받은 기억을 소중히 간직하고 있었다.
또한 경쟁에서 지는 것을 두려워하지 않고 새로운 일에 도전해
자신의 새로운 재능을 발견했다.

재능을 발견하려면

항상 승자이거나 항상 패자인 사람은 없어요. 야구 선수들도 어떤 때는 장외 홈런을 쳐서 멋진 타격 솜씨를 뽐내지만, 바로 다음에 삼진 아웃을 당하기도 하잖아요? 예행연습을 할 때는 자신만만하지만, 진짜 공연이 시작되면 무대 공포증 때문에 꽁꽁 얼어 버리는 사람들도 있어요.

그래도 어떤 일에 자주 성공한다면, 경쟁에 참가해 스스로의 능력을 시험해 보는 게 어떨까요? 자신이 성장하고 발전하는 모습을 지켜보는 것은 즐거운 일이에요. 어렵다고, 심지어는 불가능하다고 생각했던 일을 해내기 시작하면, 자신감을 키우고 자제심을 배울 수 있어요. 메달이나 자격증, 트로피나 상장 같은 것도 받을 수 있지요. 어쩌면 우승자가 될 수도 있고요. 학교 조회 시간에 여러분이 작사한 노래를 듣거나, 여러분의 그림이 동네 도서관에 전시된 모습을 보게 될지도 모르지요. 학생회 임원으로 활동할 수도 있어요.

하지만 경쟁에 나가 이겨야만 무언가 성취하는 것은 아니에요. 재능을 입증하기 위해서 꼭 상을 받아야 하는 것은 아니니까요. 목공예, 등산, 요리, 우표 수집, 연 만들기, 동물 돌보기 등을 자신의 재능이자 자랑으로 여길 수도 있어요. 대회에서 우승한 적도, 대회에 나가 본 적도 없다 해도, 여전히 자기가 하는 일에 자부심을 가질 수 있답니다.

한 가지 일을 아주 잘한다면 자신의 강점이 무엇인지 쉽게 알 수 있어요. 하지만 여러 가지 일을 모두 잘하고 싶다면 어떻게 할까요? 어느 것 하나 제대로 끝내지 못한 채로 흐지부지하지 않고 잘

해낼 수 있을까요? 특별히 잘할 수 있는 것도, 재능도 없는 것 같다는 생각이 들면 어떻게 해야 할까요? 그럼 다시 생각해 보세요. 재능을 발견하기 위해서 여러 가지 일을 시험 삼아 해 볼 필요가 있을지도 몰라요.

새로운 일을 시도할 때마다 나 자신과 나의 재능, 관심사에 대해 더 많이 알게 됩니다. 어쩌면 앞으로 더 해 보고 싶은 흥미로운 일을 찾게 될지도 몰라요. 그러니까 잘하지 못할까 봐 걱정하기보다는, 기회가 있을 때마다 새로운 것을 시도해 보세요.

내 삶의 이정표가 되었던 사건은 볼 주립대학교 주최 웅변대회에서 우승을 한 일이었습니다. 그 전까지 나는 1등이 되었을 때의 쾌감을 알지 못했습니다. 정말 좋더군요. 나는 3년 동안 준비해서 마침내 주 우승자가 되었고 전국 대회에까지 나가게 되었습니다.
- 제인 폴리, 텔레비전 뉴스 진행자

나는 단체에 들어가는 것을 즐기는 편이었어요. 클럽에 가입하고, 오케스트라에 지원하고, 대회에 나가고, 자원봉사 활동을 하고……. 모두 무척 소중한 경험이었어요. 학생회 임원을 뽑는 선거에도 출마했었지요. 물론 대회나 선거에서 항상 이겼던 것은 아니에요. 그래도 항상 나 자신에 대해 뭔가를 배웠지요. 여러 사람을 만나고, 모험을 하고, 책임을 지고, 좋은 대인관계를 발전시키는 것이 중요하다는 사실을 배웠답니다. 이 모두가 지금 저에게 도움이 되고 있어요.
- 주디 갤브레이스, 프리스피릿 출판사 설립자 겸 회장

나만의 관심 목록 만들기

이미 취미나 관심사가 있다 해도, '관심 목록'을 만들면 지금 하는 활동들을 새로운 눈으로 볼 수 있어요. 새롭게 해 볼 만한 일을 찾아 주기도 하지요. 이렇게 만들어 봐요.

1. 125쪽에 있는 표를 복사하세요. '활동' 난에는 지금 하고 있는 일들을 쓰세요. 다음 활동 목록을 참조하면 더 쉽게 쓸 수 있어요.

활동 목록

- 에어로빅
- 만들기
- 밴드/ 오케스트라
- 자전거 타기
- 치어리더
- 컴퓨터 프로그램 만들기
- 무용
- 토론
- 연극
- 이메일/ 문자 메시지 보내기
- 외국어
- 체조
- 등산/ 캠핑
- 승마
- 조깅
- 무술
- 자연 공부
- 그림
- 악기 연주
- 운동

- 보드게임
- 독서
- 종교 활동
- 과학 실습
- 스카우트 활동
- 영화 감상
- 노래
- 퍼즐 맞추기
- 혼자 시간 보내기
- 우표/ 동전 수집
- 학생회
- 인터넷 서핑
- 전화로 수다 떨기
- 자원 봉사 활동
- 운동 경기 관람
- TV 보기
- 목공예
- 글쓰기
- 요가

2. 둘째, '느낌' 난에는 그 일을 얼마나 좋아하는지 정도에 따라 1등급부터 5등급까지 표시해 보세요.

5 정말로 좋아한다.

4 많이 좋아한다.

3 그런대로 재밌다.

2 조금 지루하다.

1 전혀 좋아하지 않는다.

3. 셋째, '재능·숙련도' 난에는 자신의 현재 실력을 등급으로 표시합니다.

5 최상급이다.

4 평균보다는 훨씬 낫지만 최상급은 아니다.

3 꽤 잘하는 편이다.

2 평균 이하라고 생각한다.

1 정말 못한다.

4. 마지막 '효과' 난에는 그 활동을 하면서 얻는 좋은 점을 씁니다. 어떤 활동은 창조력과 사회성을 기르고, 긴장을 풀고, 의욕을 자극하고, 건강을 기르는 등 좋은 점이 있겠지요. 책임감을 기르고 대인 관계를 좋게 하는 데 도움이 되는 활동도 있을 것이고, 위기에 대처하는 인내심을 키우는 데 도움이 되는 일도 있을 거예요. 장점들을 생각나는 대로 적어 보세요.

나의 관심 목록

활동 🎵	느낌 🎺	재능 · 숙련도 🎵	효과 ☀

관심 목록 분석하기

목록이 완성되면 꼼꼼하게 살펴봅니다. 전반적으로 자기가 잘하는 활동을 좋아하는 편인가요? 긴장을 풀어 주는 활동을 좋아하는 편인가요, 아니면 어려워서 의욕을 북돋우는 활동을 좋아하는 편인가요? 주로 혼자 하는 활동을 좋아하나요, 아니면 사람들과 같이 하는 활동을 좋아하나요? 운동 신경이나 예술적인 재능, 컴퓨터 기술 등 특별한 능력을 요구하는 일인가요? 그 외에 어떤 공통점들이 있나요?

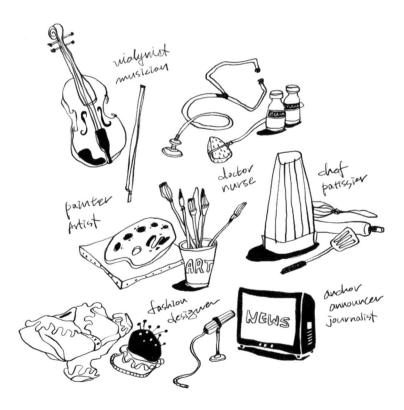

나는 무슨 재능을 가지고 있을까?

관심 목록에는 정답이나 오답이 없습니다. 대신 답변을 보면 자기 자신에 대해 중요한 사실을 알 수 있지요. 자기에게 가장 어울릴 것 같은 직업이 무엇인지도 알 수 있어요. 매우 사교적인 사람이라면 여러 사람과 함께 일하는 직업이 맞을 거예요. 예를 들면 교육, 정치, 판매, 마케팅, 언론(텔레비전, 라디오, 신문, 잡지 등의 기자나 리포터) 분야의 직업이 있어요. 사람들과 어울리기보다는 혼자 있는 것을 좋아한다면, 혼자 또는 소수의 사람과 함께 일하는 직업이 적합할 거예요. 사회성이 중간이라면 어떤 직업이든 괜찮겠지요.

다음 쪽의 표는 성공한 여성들이 어린 시절 좋아했던 활동을 직업별로 구분해 놓은 것이에요. 표를 보면서 여러분이 좋아하는 활동과 비교해 보세요.

표를 보면 알 수 있듯이 직업에 상관없이 다양한 여성들이 즐긴 활동도 있습니다. 독서, 음악, 스카우트 활동, 혼자 시간 보내기 등이죠. 그런가 하면 상대적으로 소수의 여성만이 즐긴 활동도 있습니다. 과학 관련 활동이 그런 경우인데, 과학에 관심이 많았던 사람들은 의사, 간호사, 과학자가 되었습니다.

여러분의 목록이 직업별 관심 목록과 완전히 같지는 않을 거예요. 그 목록은 여러 여성이 했던 활동을 종합해서 만든 것이니까요. 한 사람이 목록에 있는 모든 활동을 하지는 않았다는 뜻이에요. 그러니까 여러분의 목록이 어떤 직업의 관심 목록과 비슷하다면, 나중에 그 직업을 택하는 것을 생각해 볼 수 있겠지요. 이미 하고 싶은 일을 정했다면, 해당 직업의 관심 목록에 있는 활동 중 해 보지 않은 활동이 있는지 살펴보세요. 해 보지 않은 활동을 시도하는 것도 좋을 거예요.

성공한 여성들이 어렸을 때 가장 많이 한 활동들

(직업에 따라 분류)

간호사

TV 시청

과학 관련 활동

독서

미술

스카우트 활동

음악

과학자

과학 관련 활동

독서

스카우트 활동

야외 활동/ 환경 관련 활동

외국어

운동

음악

혼자 시간 보내기

교사

독서

스카우트 활동

연극

운동

음악

학생회

미술가

TV 시청

독서

미술

야외 활동/ 환경 관련 활동

연극

법률가

독서

스카우트 활동

연극

외국어

음악

토론

학생회

혼자 시간 보내기

사업가

글쓰기

독서

스카우트 활동

스포츠

연극

학생회

심리학자
독서
무용
스카우트 활동
운동
학생회
혼자 시간 보내기

언론(라디오와 TV 프로그램 진행자,
작가, 기자 등)
TV 시청
글쓰기
독서
무용
미술
연극
운동
웅변
음악
치어리더
학생회
혼자 시간 보내기

오케스트라 연주자
독서
외국어
음악
혼자 시간 보내기

의사
과학 관련 활동
독서
스카우트 활동
야외 활동/ 환경 관련 활동
외국어
운동
음악
혼자 시간 보내기

정치가 및 공무원
독서
스카우트 활동
연극
치어리더
토론
학생회
혼자 시간 보내기

주부
TV 시청
스카우트 활동
연극
외국어
운동
혼자 시간 보내기

* 활동은 가나다순으로 나열했습니다. 자원봉사 활동과 공동체 봉사 활동은 설
문 조사의 답변 항목에는 없었지만 많은 이들이 어렸을 때 봉사 활동을 중요하
게 생각했다고 답했어요. 그리고 대부분은 지금까지도 자원봉사 활동을 하고
있어요.

여자들끼리만

활동 목록을 보면서 여자들만 하는 활동이 있는지 보세요. 없다면 여자들만 하는 활동을 시작해 보는 건 어떨까요? 걸스카우트나 여학생끼리 하는 운동을 해 보는 거예요. 정형외과 의사 빅토리아 브래디*는 스스로를 "가냘픈 아이"였다고 묘사했어요. 하지만 노력해서 학교의 여자 수영팀에 들어갈 수 있었지요. 언제나 열심히 하라고 격려하는 수영 선생님 덕분이었어요. "저는 튼튼해지고 강해졌어요. 그래서 팀에 들어갈 수 있었지요."

마릴린 칼슨 넬슨과 샬럿 오토는 둘 다 사장으로서 회사를 운영하고 있어요. 두 사람도 여자들로만 구성된 조직에서 많은 것을 배웠지요. 특히 걸스카우트에서 보낸 몇 년이 비즈니스 세계에서 성공하는 데 크나큰 도움이 되었다고 합니다. 샬럿 오토는 이렇게 말했어요. "걸스카우트 활동을 통해 협동 정신을 깨우쳤고 사회적 존재가 될 수 있었어요. 지금 하는 일에서, 능력 있는 여성 팀을 짠 일에 특히 자부심을 느낍니다. 예전에 걸스카우트 활동을 하면서 배운 것을 활용한 거예요."

> 지금 나의 가치관은 여자 친구들과 사귀면서 만들어진 것입니다. 중학교 3학년 때 나는 평생 같이할 친구들을 만났습니다. 우리는 스스로를 '명민한 6인조'라고 불렀지요. 이때 만난 친구들은 나의 자신감을 키우는 데 경이로운 영향을 미쳤습니다. 우리 여섯은 지금까지도 매년 모여 고무보트를 타고 래프팅을 합니다.
> – 바버라 커니, 하원의원

성공한 여성들 중 다수가 어린 시절, 남자 아이가 없을 때 좀 더 자신감을 얻었다고 기억합니다. 남녀가 함께 있는 집단에서는 남자 아이들이 의도적이든 아니든 분위기를 주도하면서 여자 아이들의 리더십을 가로막는 경우가 많아요. 또 남학생과 함께 있으면 지나치게 자신을 의식해서 집중력이 흐려지는 여학생도 있지요. 공부를 하거나 실력을 키우기보다 남학생의 관심을 끄는 데 더 신경 쓰는 여학생도 있어요.

남녀 학생이 함께 어울리는 법을 배우는 것도 중요합니다. 서로를 존중한다면 여학생 남학생이 함께 활동하며 좋은 영향을 주고받을 수 있겠지요. 하지만 때로 '아이캔걸'이 자신감을 키우고 리더십을 최대한으로 활용하는 데는 여자들만 있는 집단이 더 도움이 되기도 합니다.

관심 분야 넓히기

관심 목록에 있는 대부분의 활동이 별로 재미있지 않다면 어떻게 해야 할까요? 텔레비전 보기, 컴퓨터 게임하기, 퍼즐 풀기 등이 일의 전부라면 어떻게 할까요? 너무 비슷한 종류의 활동들만 하고 있다면요? 다양한 일에 관심을 갖기 위해서 다음 다섯 단계를 따라해 보세요.

주변을 돌아다니며 찾아보세요. 부모님, 선생님, 친구, 이웃들에게 시도해 볼 만한 활동을 추천해 달라고 부탁하세요. 청소년 단체, 각종 동호회, 문화센터, 교회나 성당, 절 등을 직접 찾아가 청소년이 할 수 있는 활동을 알아보는 것도 좋아요. 신문, 학교 게시판, 구청의 인터넷 사이트, 잡지 등에서도 쉽게 아이디어를 얻을 수 있어요.

목록을 만들어요. 흥미로울 것 같은 활동을 모두 기록합니다. 목록이 너무 길어지지 않을까 걱정하지는 마세요. 다음 단계에서 정리할 방법을 알려 줄 테니까요.

현실성을 생각하세요. 비용이 너무 많이 드는 활동도 있을 테고, 혼자 가기에는 너무 먼 곳에서 하는 활동도 있을 거예요. 아래 네 가지 요소를 생각하면서 목록을 하나하나 살펴보세요.

- ♡ 활동할 수 있는 나이가 정해져 있나요?
- ♡ 비용(재료비나 유니폼 가격 등)은 얼마나 드나요?
- ♡ 집에서 얼마나 먼 곳에서 하나요? 가기 쉬운 곳인가요?
- ♡ 시간은 얼마나 걸리나요? 다른 일을 못하게 되지는 않나요?

그리고 현실적으로 하기 어려워 보이는 일들을 지워 나가세요. 관심은 있지만 실제로 할 수 있는지 확신이 서지 않으면 부모님과 상의하세요. 누가 차로 데려다 줄 수 있나요? 부모님이 비용을 대 주실 수 있나요? 비용을 마련할 수 있는 다른 방법이 있나요? 혹은 이런 활동에 참여할 다른 방법이 있나요? 예를 들어 운동을 하기 위해 반드시 특별한 옷을 입거나 멋진 체육관에 가야 하는 것은 아니에요. 도서관에서 운동을 가르쳐 주는 비디오테이프를 빌려서 집에서 시간을 정해 놓고 따라 하는 것도 좋은 방법이지요. 현실성이 없으면 당장은 목록에서 빼 놓으세요. 하지만 아예 지우지는 마세요. 나중에 여유가 생기면 다시 시도할 수도 있으니까요.

다양한 일을 선택하세요. 피아노, 기타, 드럼, 플루트, 클라리넷을 모두 배웠다면 오보에나 트롬본 수업은 미루도록 해 보세요. 컴퓨터와 관련된 활동만 하고 있다든지, 운동만 여러 가지 하고 있을 때도 마찬가지예요. 새로운 활동을 시도하고 체험하세요.

조사를 하세요. 아직도 목록이 너무 길다면 그 활동을 하는 곳에 가서 직접 관찰하고 결정하는 것도 좋아요. 이미 활동하고 있는 아이들과 대화를 나누면서 좋은 점과 나쁜 점을 알아볼 수도 있지요. 결정을 내려야 할 때 '내가 잘할 수 있을까?' 하면서 지레 걱정하지는 마세요. 해 보기 전까지는 모르는 법이니까요.

하고 싶은 마음이 불타오르는 활동을 당장 찾지 못할 수도 있어요. 푹 빠질 수 있는 관심거리를 찾는 데 시간이 오래 걸리는 사람도 있으니 초조해하지 말고 인내심을 가지세요. 그렇다고 손 놓고 있지는 말고 다양한 활동을 시도해 보세요. '이거다!' 싶은 일이 아니라도, 모든 활동은 여러분을 좀 더 재미있고, 박식하고, 다재다능한 사람으로 만들어 준답니다.

벽에 부딪혔을 때

자신의 강점과 관심사를 찾을 때, 실력을 키우기 위해 노력할 때는 무엇보다 끈기를 배워야 합니다. 끈기는 최악의 상황에서도 포기하지 않는 능력이지요. 어떤 활동이 어렵게 느껴진다고 해서 무조건 재능이 없는 거라고 단정 짓지 마세요. 누구라도 익히기 어려운 그런 일도 있는 법이랍니다.

길을 걷다가 길을 가로막고 있는 거대한 벽을 만났다고 상상하세요. 벽을 넘어 반대쪽에 닿으려면 당연히 많은 노력이 필요할 겁니다. 일단 해 보겠다고 마음을 먹는 것이 중요하지요. 일단 마음만 먹으면 남는 건 '어떻게?'라는 질문뿐이에요. 한 가지 활동을 오래 하다 보면 상당한 노력과 끈기가 있어야 넘을 수 있는 벽을 반드시 만나게 됩니다. 음악이나 무용 레슨, 운동 연습, 공부 등을 하다가 벽에 부딪히면, 벽을 넘기보다는 돌아서고 싶은 유혹을 느끼게 됩니다. 포기하고 싶은 유혹이지요. 하지만 그냥 돌아서면 안 돼요. 끈기를 가지고 더욱 분발하세요. 주변 사람들에게 용기를 북돋워 주고 격려해 달라고 부탁하세요. 줄을 잡고 벽을 오르기 시작하세요. 벽을 없앨 수 있는 새로운 방법을 찾아보세요. 필요하다면 벽 밑으로 굴이라도 파세요.

부모님, 선생님, 친구 들이 여러분을 격려하고 힘을 줄 수는 있어요. 하지만 무엇보다 스스로 자신을 도와야 해요. 주의원인 메리 프리바이트는 열네 살에 회전 톱에 왼손을 잃었습니다. 신발 끈 매기, 키보드 치기, 설거지처럼 생활에 필요한 기본적인 일들을 한 손으로 하는 법을 배워야 했죠. 쉽지 않은 일이었어요. 메리는 말 그대로 벽에 부딪히고 또 부딪혔지요. 부모님은 메리가 의지를 잃지 않게 격려해 주었어요. 메리가 "못해요!" 하고 도망치게 내버려 두지 않았죠. 메리가 못한다고 하면 부모님은 "아니, 넌 할 수 있다" 하고 힘주어 말했어요.

지금 메리는 남들이 두 손으로 하는 대부분의 일을 한 손으로 할 수 있어요. 천을 누비고, 벽지를 붙이고, 차를 몰고, 지도자가 되어

리더십을 발휘하는 모든 일을 메리는 척척 해냅니다. 부모님이 메리가 포기하고 굴복하고 슬픔과 절망에 빠져 있지 않게 다잡아 주었기 때문에 가능한 일이었어요.

> 아버지는 나를 믿으셨어요. "장애란 사람의 외적인 조건과는 무관하단다. 장애는 오직 사람의 내면에 있을 뿐이야." 그렇게 말씀하셨죠.
> **- 메리 프리바이트, 주의원**

환경공학자 테레사 컬버는 어린 시절 오보에를 배우면서 수없이 벽에 부딪혔어요. 무수한 시행착오를 거치면서, 긴 악절을 짧게 나누어 연습하면 도움이 된다는 사실을 깨우쳤지요. 제대로 연주할 때까지 잘게 쪼갠 부분을 반복해서 연습했어요. 그리고 모두 잘 연주할 수 있게 되면, 전체를 한꺼번에 연습했지요. 나중에 대학에서 수학과 공학 수업을 들을 때도 같은 방법을 활용했어요. 과제를 잘게 쪼개서 한 거지요.

벽을 넘을 방법을 찾기가 어려울 때도 있어요. 하지만 끈기를 갖고 꾸준히 노력하세요. 무엇이든 많이 할수록 잘하게 되는 법이거든요. 더는 못하겠다는 생각이 들 때는 일을 마무리한 뒤에 스스로에게 선물을 주기로 약속해 보세요. "연극 1막의 대사를 모두 외우면, 쉬면서 친구한테 전화를 해야지." "무용 동작을 실수 없이 세 번 마무리하면 아이스크림을 먹어야지." 이렇게 스스로를 칭찬해 주는 거예요.

필요하면 도움을 청해도 괜찮다는 것을 명심하세요. 여러분이 연극

대사를 외우는 동안 누구든 대본을 함께 읽고 확인해 줄 수 있어요. 춤을 추는 동안 옆에서 박수를 치고 격려해 줄 수도 있죠. 하지만 여러분이 도와 달라고 하지 않으면 아무리 돕고 싶어 하는 사람도 도

내 이름은 사라예요. 내가 수영을 배운 이야기를 하고 싶어요. 나는 사남매의 막내였고 오빠와 언니 들은 모두 수영을 잘했어요. 나도 물을 좋아했지만 수영은 못했죠. 엄마는 수영을 못하면 위험하다고 생각해서 나를 수영장에 보냈어요. 기초반은 금방 통과했지요. 다음 단계인 초급반에서는 손발을 움직이면서 머리를 물속에 집어넣고 호흡을 하는 법을 배웠어요. 하지만 머리와 손발이 따로 움직여서 연습하기가 너무 힘들었어요.

초급반 과정이 끝나갈 무렵 상급반으로 올라가기 위해 시험을 봤는데, 나는 떨어지고 말았어요. 하지만 떨어진 아이가 더 있었으니 아주 나쁜 상황은 아니었지요. 엄마는 수업을 다시 들어 보라고 했어요. 하지만 두 번째에도 제대로 배우지 못하고 또 시험에 떨어졌어요. 이번에는 다른 아이들은 모두 통과했는데 말이에요. 혼자 바보가 된 기분이었어요. 조금 울었지만 엄마는 용기를 잃으면 안 된다고 말했어요. 계속 연습하면 반드시 할 수 있을 거라면서요.

세 번째, 네 번째, 다섯 번째 떨어졌을 때 나는 울지 않았어요. 하지만 엄마는 울고 싶은 심정이었을 거예요. 엄마도 울지는 않았지만, 분명 나를 불쌍하게 여겼을 거예요. 나는 나아지고 있다고 생각했고 선생님도 그렇게 말했어요. 선생님은 엄마도 내 실력이 좋아지는 모습을 알아볼 수 있을 거라고 말했어요. 그 말이 나한테 조금은 격려가 되었죠. 나는 이렇게 대답했어요. "전 할 수 있어요." 그리고 포기하지 않았어요.

놀라지 마세요. 시험에 통과할 때까지 같은 수업을 여덟 번이나 들어야 했답니다. 나에게는 초급반이 유난히 어려운 단계였나 봐요. 초급반을 통과하고 나니 예상과는 달리 수영을 잘하는 아이가 되었거든요. 계속해서 다음 단계 수업을 들었고 늘 한 번에 시험을 통과했어요. 마침내 방법을 깨친 거죠. 지금 나는 수영을 좋아하고 1.5킬로미터를 쉬지 않고 헤엄칠 수 있어요. 그때 포기하지 않아서 얼마나 다행인지 몰라요.

- 사라

움이 필요한지 알 수 없겠죠. 말하지 않아도 어려움을 알아주는 사람은 흔하지 않으니, 도움이 필요할 때는 그렇다고 말하세요.

그래도 힘이 나지 않으면 그 일을 처음 했을 때를 떠올려 보세요. 1년 전, 피아노를 처음 배웠을 때는 어땠나요? 야구를 배우기 시작했을 때 실력은 어땠나요? 아마 그때보다 실력이 훨씬 좋아졌을 거예요. 그 사실을 떠올리고 나면 다시 의욕이 솟아날 거예요.

항상 이겨야 하는 것은 아니다

지는 것을 좋아하는 사람이 있을까요? 아마 없을 거예요. 하지만 질 수 있다는 가능성을 받아들이지 않으면, 승자가 되기도 힘들어요. 승자가 되기 위해 감수해야 할 위험을 받아들이지 못할 테니까요. 사실 사람들은 대부분 이긴 횟수만큼 지기도 한답니다. 그러니까 졌다고 해서 패배감에 빠져 들지 않는 게 중요해요. 물론 실망할 때도 있을 거예요. 누구나 그렇지요. 하지만 승리는 자신감을 키워 주는 반면, 패배는 여러분을 더욱 강인하게 만든다는 점을 잊지 마세요.

육상부에 막 들어갔는데, 오랫동안 달리기를 연습한 아이들과 경쟁을 한다고 상상해 보세요. 처음에는 많이 뒤지겠지요. 하지만 계속 연습하다 보면 점점 빨라지고 강해져서 아이들을 따라잡게 될 거예요. 그러는 사이에도 겨루고 발전하는 과정을 즐기면 됩니다. 배우는 동안 '할 수 있다!'는 긍정적인 태도를 유지하기가 쉽지 않을 수도 있어요. 하지만 자신의 기록에 집중하세요. 스스로에게 이렇게 말하세요. "난 친구들만큼 재주가 없을 수도 있고, 그만큼 빠르지 못할지도 몰라. 하지만 지난주보다는 나아졌잖아." 계속 나아지고 있다는 사실을 알면 자신감이 생겨요. 그러면 포기하지 않고 계속할 수 있지요. 이렇게 생각하세요. 달리기, 수영, 수학 계산을 어제보다 빠르게, 좀 더 잘할 때마다 승리의 짜릿함을 맛볼 수 있다고요. 혹시 기록이 나빠지더라도 자신과의 경쟁은 실력 향상에 도움이 됩니다. 더구나 남과 겨룰 때만큼 초조하지도 않아요. 효과가 있으면 "난 할 수 있어! 난 할 수 있어!" 하고 계속 말하세요. 그렇게 꾸준히 말하다 보면, 결국은 그 말을 믿게 된답니다.

이기지 못했을 경우에 대처하는 방법은 어떻게 배워야 할까요? 훌륭한 패자가 되는 데도 연습이 필요한 법이에요. 친구와 함께 가벼운 마음으로 보드게임이나 카드놀이를 하는 것도 좋은 방법이지요. 이런 게임에는 운이 상당히 작용하니까 결과를 너무 심각하게 받아들이지 마세요. 이길 수도 있고, 질 수도 있답니다. 상대도 마찬가지지요. 누가 더 품위 있는 패자가 되는지 겨루는 것도 재미있을 거예요.

친구들과 함께 팀을 이루어 하는 시합에 나갈 수도 있어요. 운동 경기나 체스 시합, 토론이나 퀴즈 대회 같은 시합이죠. 팀이 지면 (당연히 팀도 때로는 진답니다) 여러분 혼자 실망하는 게 아니에요. 이겼을 때도 혼자 이기는 것이 아니지요. 팀원들이 승리와 패배에 반응하는 다양한 모습을 보게 될 거예요. 누구나 그런 과정을 거친다는 사실도 새삼 깨닫게 될 거고요.

운동 경기를 관람할 기회가 생기면 좋은 행동과 나쁜 행동을 비교해 보세요. 졌다고 화를 내며 글러브를 던지고 경기장을 뛰쳐나가는 아이들과 침착하게 상대 선수와 악수를 나누는 아이들 중 어느 쪽이 더 보기 좋은가요? 어느 쪽이 더 존경스러운가요? 관중의 입장에서 양쪽을 비교해 보면, 나는 어떻게 행동하는 것이 좋을지 결정하기도 한결 쉬워질 거예요.

> 나는 운동 경기에 무척 적극적이었어요. 육상 경기에서 신기록을 세운 적도 있지요. 한번은 육상 대회에 나가서 1등을 네 번 하고 2등을 한 번 했어요. 나는 집에 가는 내내 2등을 한 것 때문에 흐느껴 울었지요. 아빠는 내가 여러 번 이기고 딱 한 번 진 것에 감사할 줄을 모른다며 화를 내셨어요. 오랜 시간이 지나도 잊히지 않는 귀중한 가르침이었지요.
> **- 바버라 커니, 하원의원**
>
> 나는 고등학교를 마치고 대학을 가기 전에 노르웨이에 교환 학생으로 가게 되었어요. 내가 머물렀던 집의 두 아들은 육상 전국 챔피언이었습니다. 식구들이 모두 운동을 좋아했어요. 주중에도 몇 번씩 스키를 타기도 했지요. 나는 그때 스키를 탄다고 해서 꼭 잘할 필요는 없으며 그저 즐기면 된다는 사실을 배웠어요.
> **- 케이디 콜먼, 미국 항공 우주국 우주인**

하던 일을 멈추고 싶을 때

마케팅 전문가 타마라 미닉 쇼칼로는 어렸을 때 매주 열두 시간에서 열다섯 시간 정도 발레 레슨을 받았어요. 타마라는 발레를 무척 좋아했고 수석 발레리나가 되는 것이 꿈이었지요. 하지만 발레를 어느 정도 배우고 나자, 자신이 최고의 발레리나가 되기는 어렵다는 사실을 받아들여야 했어요. 결국 타마라는 다른 곳에 열정을 쏟기로 마음먹고 오랜 꿈을 접었지요. "나는 그때 삶이 거래의 연속

이라는 사실을 배웠어요. 발레를 그만두기로 결심했을 무렵, 내가
무엇을 주고 무엇을 얻는 것인지 명확히 알았지요. 당시 내가 선택
한 새로운 진로도 내가 원했던 것이었어요."

경쟁에 현명하게 대처했다고 해도, 시작한 모든 활동을 계속하고
싶지는 않을 거예요. 길을 가로막은 모든 벽을 넘고 싶지 않을 수
도 있고요. 어떤 일은 재미가 없어졌거나, 너무 힘들거나, 가치가
없어졌다고 생각할 수도 있어요. 그렇다면 그 일을 그만두고 뭔가
다른 일을 할 시간이에요. 그건 포기가 아니에요. 선택이지요.

끈기 있게 충분히 오랫동안 노력하고 최선을 다했는데도, 결국에
는 그 일이 자기한테 맞지 않는다는 결론을 내릴 수도 있어요. 혹
은 앞으로 시간을 더 들일 가치가 없다고 판단할 수도 있지요. 그
래도 마지막으로 결정을 내리기 전에 다음과 같은 질문을 해 보
세요.

♡ 목표를 이루기 위해서 얼마나 열심히 했을까? 노력의 대가로 얻
  은 것은 무엇일까?
♡ 지금 그만두면 잃게 되는 것은 무엇일까? 새롭게 얻는 것이 더
  많을까?
♡ 도전이 무서워 도망치는 것일까, 자유 시간을 좀 더 현명하게 활
  용하려는 것일까?
♡ 지금 그만두면 도중에 포기하는 겁쟁이라는 생각이 들지는 않
  을까?
♡ 열정을 쏟을 다른 일이 있을까? 그게 무엇인지 알고 노력할 준
  비가 되어 있을까?

다른 일을 할지, 하던 일을 계속할지 결정하는 사람은 바로 자기 자신이에요. 하지만 그만두기 전에, 적어도 벽을 넘으려는 노력은 반드시 해야 합니다. 그리고 결정을 곰곰이 생각해 보고 무엇을 잃고 얻는 것인지 고민한 다음, 자신의 직감을 믿으세요. 양쪽을 꼼꼼히 따져 보았다면, 나중에 후회할 일은 없을 거예요.

속임수는 절대 승리할 수 없다

부정행위를 했거나 하고 싶은 유혹을 느낀 적이 있나요? 자, 솔직히 말해 보세요. 상대방이 보지 않는 사이 보드게임에서 말을 몇 칸 앞으로 움직이는 것 정도는 큰일이 아니라고 생각할 수도 있어요. 다른 친구의 답안지를 베끼거나 발야구를 하다가 파울이 아닌데 파울이라고 주장하는 것도 대수롭지 않게 생각할 수 있지요. 경쟁에서 이겨야 한다는 부담감에 시달리다 보면 규칙을 어기고 옳지 않다고 생각하는 일을 하고 싶다는 유혹을 느낄 수 있어요. 어떤 아이들은 이런 말로 스스로에게 변명을 하죠. "이건 별일 아니야. 다른 애들도 다 베끼는걸. 우린 그냥 서로 도와주는 것뿐이라고."

하지만 남을 돕는 것과 부정행위에는 큰 차이가 있어요. 게다가 많은 사람이 그렇게 한다고 해서 부정행위가 옳은 일이 되지는 않지요. 그게 진짜 중요한 거예요. 어떤 경우든 규칙을 어기는 것은 부정직한 속임수이고, 부정행위를 하지 않는 사람에게 불공평한 일이에요. 또 부정행위를 저지르는 사람한테도 불공평한 일이지요. 이겼을지 모르는 사람을 패배자로 만들고, 엉뚱한 사람을 승자로 만들었으니까요. 선생님은 여러분이 모르는 것을 알고 있다고 오해할 거예요.

내가 학교에 다닐 때였어요. 시험을 치르는데, 앞에 앉은 여자 아이 때문에 신경이 쓰였던 적이 있어요. 그 아이는 과학 시험을 치르는 동안 계속 소맷자락을 올렸다 내렸다고 하고 있었죠. 왜 그러는지는 알 수 없었지만 나까지 주의가 산만해지더군요. 나중에 그 아이한테 팔이 아프냐고 물어보았어요. 그러자 그 아이는 웃으면서 소매를 걷어 올려 팔뚝을 보여 주었어요. 깨알같이 작은 글씨가 쓰여 있더군요. 과학 시간에 배운 공식들을 깔끔하게 정리한 내용이었어요. 그렇게 많은 내용을 적느라 족히 몇 시간은 걸렸을 걸 생각하니 참 바보 같다는 생각이 들었어요. 그걸 적을 시간의 반만 공부를 했다면 분명 만점을 받았을 테니까요. 왜 굳이 커닝을 한 건지 의아하더군요. 이후로 늘 그 아이를 가볍게 생각하게 되었어요.

여러분의 부모님이 어린아이였을 무렵, "속임수는 결코 성공할 수 없다"라는 노래가 있었답니다. 정말이에요. 부정행위를 하면 정직하지 못한 사람이 될 뿐 아니라, 새로운 것을 배우고 실력을 향상시키는 데서 오는 만족감마저 놓치게 됩니다. 게다가 들키기라도 하면(사실 들키는 일은 자주 생겨요) 선생님, 부모님, 친구들에게 신뢰를 잃게 되지요. 어쨌든 가만 살펴보면, 부정행위를 한 사람은 결국 패배자가 됩니다.

새로운 관심과 재능을 발견하는 비결

- 🍦 항상 열린 마음으로 새로운 활동을 대하세요. 아는 사람 중에 그 일을 하는 사람이 없고 친구들이 멋지다고 생각하지 않아도 주눅 들지 마세요.

- 🍦 새로운 활동은 처음에는 어렵게 마련이에요. 그러니까 처음부터 어렵다고 포기하지 마세요.

- 🍦 매일 조금씩 연습하세요.

- 🍦 일단 시작하면 적어도 한 학기는 계속하세요. 중간에 그만두지 마세요.

- 🍦 새로 활동을 시작하는 아이가 있으면, 새로운 일에서 즐거움을 찾도록 도와주세요.

- 🍦 한꺼번에 너무 여러 가지 일을 시작하지 마세요. 이것도 저것도 다 못하는 상황이 될지 모릅니다.

- 🍦 이미 너무 많은 활동을 하고 있으면 뭔가를 그만두기 전까지는 새로운 일을 시작하지 마세요.

- 🍦 좋아하는 활동들이 비슷하지는 않은지 살펴보세요. 관심사, 새로운 경험, 재미가 결합된 새로운 활동을 찾으세요.

- 🍦 경쟁은 삶의 일부이고, 가치 있는 일을 하려면 끈기와 노력이 필요하다는 사실을 받아들이세요.

- 🍦 부정행위를 하면서 스스로를 속이지 마세요.

- 🍦 항상 열정을 가지고 열심히 하세요!

chapter 6

세상으로 나가라

마르코 폴로나 콜럼버스, 마젤란 같은 유럽 탐험가(주로 남성이지요)에 대해 들어 본 적이 있을 거예요. 익숙한 세상을 넘어 멀리 여행을 하느라 엄청 고생을 한 사람들이지요. 하지만 탐험가가 꼭 그렇게 거창한 것은 아니에요. '아이캔걸'은 새로운 장소에 방문할 때마다 탐험가가 되는 셈이니까요.

만일 도시 근교에 사는 친구라면 가까운 농장에 가서 눈이 번쩍 뜨이는 모험을 할 수 있을 거예요. 도시에 사는 아이들에게는 어촌도 새로운 경험의 장소지요. 반대로 작은 도시 생활에 익숙한 아이가 대도시에 처음 가 본다면 새로운 세상이 열리는 기분일 거예요.

우리가 조사한 성공한 여성들 중 많은 사람은
어린 시절 했던 여행에서 더 넓은 세상이 있다는 사실을 배웠다.
여행을 할 수 없을 경우에는 책을 읽거나 이야기를 들으면서
상상 여행을 하기도 했다.

집 근처 탐험

멀리 가야만 탐험이나 모험은 아니에요. 바로 집 주변에서도 흥미로운 장소를 새롭게 발견할 수 있다는 사실을 잊지 마세요. 모험이 기다리고 있다는 사실을 모른 채 매일 그 앞을 지나다녔는지도 몰라요. 여러분이 사는 도시의 관광 안내소를 찾아가 보세요. 거기가면 여러분이 사는 곳에서 할 수 있는 재미난 일들을 알려 줄 거예요. 지역 신문이나 근처 대도시에서 발행되는 신문을 읽어 보세요. 특히 문화면을 잘 챙겨 보세요. 연극, 박물관, 미술 전시회, 콘서트 같은 특별한 장소와 행사들이 상세히 소개되어 있어요. 입장료가 비싼 것도 있지만 무료이거나 적은 돈으로 즐길 수 있는 행

아빠는 휴가를 모았다가 한꺼번에 쓰시곤 했어요. 덕분에 우리 가족은 휴가 때면 모두(저는 형제자매가 다섯이나 있답니다) 승합차에 꾸역꾸역 타고서 전국의 국립공원으로 향했어요. 5주 동안 국립공원들을 돌며 야영을 하고 등산을 했지요. 국립공원을 도는 동안 그곳의 지형과 동식물을 접하면서 지리와 생물에 대해 많은 것을 배웠죠. 덕분에 저는 자연을 사랑하는 아이로 자랐습니다.
– 테레사 컬버, 환경공학자

어머니는 일요일마다 나를 여기저기 데리고 다녔어요. 멀리 여행할 여유는 없었지만, 어머니는 나를 박물관에 데리고 다녔고 워싱턴 D.C.에도 갔었죠. 나는 난독증이 있어서 책을 많이 읽지 못했어요. 대신 여행을 다니면서 부족한 것들을 배웠죠. 여행을 통해 배우는 즐거움을 깨닫고 세상에 대한 호기심을 키웠어요. 어머니는 호기심을 타고난 분이에요. 어머니는 이제 아흔한 살이 되셨지만 우리는 지금도 함께 박물관에 갑니다.
– 마사 린드너, 변호사

사도 많답니다.

인터넷이나 전화번호부를 찾아보면 근처에 있는 흥미로운 장소들을 발견할 수 있습니다. 방법을 잘 모르겠으면 어른들에게 물어보세요. 집 근처에 있는 모험 장소를 찾는 방법을 금세 알려 줄 거예요.

집에서 가까운 곳이라고 얕보지 마세요. 먼 곳으로 여행하는 것만큼 세상을 보는 눈을 넓혀 준답니다. 집 근처 미술관이나 양로원에서도 전에 몰랐던 많은 것을 배우게 됩니다. 친구네 집에서 처음 잠을 잘 때(특히 다른 나라에서 왔거나, 나와 가정환경이 다른 친구)도 새로운 것을 깨달을 수 있지요.

사업가 코니 마츠이는 어린 시절 집 밖으로 한 발짝도 나가지 않고도, 매일 전혀 다른 두 문화를 체험했어요. 부모님은 일본계 미국인이었는데, 아시아인이 아닌 가족이 함께 살면서 부모님을 도왔거든요. 두 가족은 양쪽 나라의 문화, 휴일, 전통, 음식, 음악, 미술 등을 공유하고 비교했지요.

미리 준비하기

새로운 경험을 통해 되도록 많은 것을 얻고 싶다면 기자나 형사처럼 행동하세요. 호기심을 가지고 조사하고 질문을 많이 하는 것이지요. 준비를 많이 할수록 좋아요. 온 가족이 휴가를 가거나 다른 도시에 사는 친척을 방문한다면 부모님과 함께 지도를 보면서 가 보고 싶은 박물관이나 공원, 유적지 등을 미리 찾아보세요. 그리고 도서관에서 책을 보거나 인터넷을 검색해서 그 장소에 대한 흥미로운 정보를 수집하세요. 가게 될 곳의 관광 안내소에 편지를 쓰거나 집 근처 여행사에 들러 안내 책자를 구할 수 있는지 물어보세요.

동물원, 박물관, 자연공원 등에 들를 계획이라면 좀 더 자세히 조사해 두세요. 거기서 가장 유명한 것은 무엇인지, 빼놓지 말고 봐야 할 중요한 볼거리는 무엇인지 반드시 확인하세요. 모은 자료를 파일에 정리해 가지고 가서 식구들과 함께 보세요.

당장 여행할 계획은 없지만 언젠가 꼭 가 보고 싶은 '꿈같은 장소'들을 탐험하는 데도 같은 방법을 활용할 수 있어요. 아이슬란드의 빙하나 오스트레일리아 산호초에 호기심을 느낀다면 관련된 자료를 모아 보세요. 언젠가 그곳에 정말 가게 될 때면 여러분은 이미 탐험할 준비를 모두 마쳤을 거예요.

사진 찍고 기록하기

기자나 형사라면 아마 카메라, 캠코더, 녹음기, 수첩 등을 들고 다니겠지요. 여러분도 그렇게 하고 싶다고요? 당연히 좋은 생각이에요. 모두 여행의 풍경, 소리, 추억 등을 담아 두는 데 유용하지요. 사진을 찍었다면 수첩에 언제, 어디서, 왜 이런 사진을 찍었는지 기록해 두는 것도 좋아요.

쓰기보다 말하기가 좋다면 녹음기를 이용해 일지를 써도 돼요. 특이한 소리를 녹음할 수도 있고 함께 여행한 식구나 친구, 여행 중에 만난 사람들을 인터뷰할 수도 있겠지요. 여행 가이드나 공원 관리인의 이야기를 들을 때는 녹음해도 좋은지 미리 물어보세요. 녹음된 내용을 다시 들을 때마다 전에 놓쳤던 것들을 새록새록 깨닫게 된답니다.

가능하면 엽서, 낙엽, 신기한 돌이나 조개껍데기 등 자그마한 기념품을 챙기세요. 이런 기념품은 일지, 사진, 녹음 내용 등과 함께 모험에 대한 훌륭한 기록이 되어 줄 거예요. 이런 자료나 기념품을 활용해서 친구, 가족, 선생님 등과 추억을 함께 나눌 수도 있지요. 여행 스크랩북이나 가져온 기념품들을 넣어 '추억 상자'를 만들 수도 있어요. 나중에 학교에서 관련된 주제를 공부한다면, 학교에 그 보물들을 가져와 아이들에게 보여 줄 수도 있지요.

길에서 맛보는 즐거움

어디를 가든 갈 수 있는 방법은 굉장히 다양해요. 자동차나 기차, 버스를 탈 수도 있고, 비행기나 배를 타고 갈 수도 있어요. 가까운 곳이라면 자전거를 타거나 걸어서 갈 수도 있지요. 가려는 곳이 얼마나 먼지, 우리나라인지 해외인지에 따라서도 교통수단이 달라질 거예요. 무엇을 타고 가든, 가족이나 친구들과 함께 가든 혼자 가든, 가는 동안 일어날 수 있는 일을 미리 알고 준비하면 많은 도움이 돼요. 말하자면 여행 목적지뿐 아니라 거기까지 가는 길도 준비하는 것이지요. 아래 비결들이 도움이 될 거예요.

비행기로 여행할 때. 창가 자리에 앉아 보세요. 자리가 창가가 아니라면 함께 여행하는 사람에게 잠시 자리를 바꿔 달라고 해 보세요. 날씨가 좋으면 저 아래 세상이 보인답니다. 차, 집, 산, 호수, 강, 들이 위에서 보면 어떤 모습인지 알 수 있지요. 책이나 CD 플레이어, MP3 플레이어를 가지고 타면 심심하지 않아서 좋아요. 승무원에게 베개와 담요를 달라고 하세요. 잠깐 눈을 붙일 때 쓸모가 있어요.

혼자 비행기를 타고 갈 때. 항공사는 혼자 여행하는 어린이 또는 청소년을 UM(unaccompanied minor), 즉 '단독 여행을 하는 미성년자'라고 부른답니다. 혼자 비행기를 탔다면 승무원이 가끔씩 여러분 자리에 들러서 편안하게 여행하고 있는지 물어볼 거예요. 목적지 공항에 도착한 뒤에도 여러분이 마중 나온 어른을 만날 때까지 도와줄 거고요. 그동안 여러분은 좋은 책을 읽고 영화도 감상하고 창밖도 보면서 바쁘게 즐기세요. 그러다 보면 시간이 얼마나 빠르게 지나가는지 모릅니다. 시간이 그야말로 쏜살같이 날아가 버리지요.

차나 버스를 타고 여행할 때. 목적지까지 가는 동안도 아주 흥미로운 여행이 될 거예요. 하지만 늘 유머 감각을 잃지 않도록 노력하세요. 여러 사람과 함께 좁은 공간에 오래 있다 보면 지루하고 고되게 마련이거든요. CD나 MP3 플레이어를 가지고 가서 음악을 들으세요. 함께 가는 사람들에게 재미난 이야기를 들려주거나 수수께끼를 내 보세요. 승용차를 타고 간다면, 안에서 다함께 노래를

새로운 곳으로 여행을 떠나자

불러 보는 것도 좋지요.

모든 사람이 창밖을 보아야 하는 게임을 하는 것도 좋아요. 어떤 사물을 정해 놓고, 창밖에서 그것을 가장 먼저 보는 사람이 이기는 놀이는 어때요? 이긴 사람이 다음에 찾아야 할 사물을 정하는 거죠. 자동차 번호판 게임은 어떨까요? 눈에 보이는 자동차 표지판의 번호를 각자 기록하는 거예요. 정해진 시간 동안 가장 많은 번호판을 적은 사람이 이기는 거지요. 지도를 들여다보는 것도 지루함을 달래 줘요. 앞으로 어디를 지나게 되는지, 얼마나 가야 하는지 등을 계속 생각하게 되니까요. 시간이 있으면, 중간에 있는 유적지 등에 들러도 되는지 물어보세요. 휴게소에 들렀을 때는 화장실에 가거나 간식을 먹으면서 충분히 쉬세요. 그리고 간단한 체조를 하는 것도 잊지 마세요. 몸이 정말 개운하답니다.

여름마다 부모님은 우리를 데리고 여러 국립공원에 갔어요. 우리는 메인 주에 있는 아카디아 국립공원을 빼고는 모두 둘러보았죠. 기념물이 있다는 표지판만 있으면 멈춰서 찾아가 보았어요. 내가 차 안에서 잠들면 엄마가 자꾸 깨웠어요. 바깥 경치나 간판 같은 것을 보라고요. 그 특별한 장소를 다시는 보지 못할 수도 있으니까요. 나는 지금도 기념물이나 표지판을 절대로 그냥 지나치지 않아요. 반드시 멈춰서 내용을 모두 읽는답니다.

– 로리 미첼, 교사

낯선 사람들과 만나기

여행을 하면 항상 새로운 사람을 만날 기회가 생깁니다. 하지만 낯선 사람에게 말을 걸기 전에 함께 여행하는 어른에게 도움을 청하세요. 말을 걸어도 좋을 안전한 사람은 누구인지, 나한테 말을 걸고 싶어 하는 사람은 누구인지를 알아봐 달라고 하세요.

무슨 이야기로 대화를 시작하면 좋을까요? 다른 사람의 생활이 나와 어떻게 비슷하고 어떻게 다른지 알 수 있게 해 주는 질문을 던져 보세요. 연달아 질문만 하지는 마세요. 상대의 대답을 듣고 나에 대한 이야기도 조금씩 나누세요. 어느새 새 친구가 생길 거예요.

말이 통하지 않는 다른 나라라고 해서 포기하지 마세요. 언어가 달라도 친구가 될 수 있답니다. 그 나라 말 중에 조금이라도 아는 말이 있다면 그것을 최대한 활용하고, 친근한 태도로 몸짓을 써서 이것저것 표현해 보세요. 긴 대화를 하지는 못하겠지요. 하지만 적어도 상대방의 미소는 볼 수 있답니다.

다른 사람들과 그 사람들이 나와 다른 점을 섬세하게 살펴 아는 능력은 항상 중요하고 유용해요. 세상 사람 누구도 똑같이 살지 않는다는 사실은 놀랍고 흥미로운 일이지요. 새로운 사람에게 뭔가를 배우고 동시에 가르쳐 주세요. 무슨 게임을 하고 음악을 듣는지, 어떻게 일하는지 배우게 될 거예요. 여행을 많이 할수록 세계 여러 지역 사람들의 공통점과 차이점을 많이 알게 되겠지요.

어떻게 이야기를 시작할까?

여행지에서 낯선 아이를 만났을 때는 이런 질문을 던져 보세요.

학교. 너희 학교는 어떠니? 교실은 넓어, 아니면 좁아? 남녀공학이니, 아니니? 좋아하는 과목은 뭐야? 소풍도 가니? 선생님은 엄격해 아니면 편안해? 너희도 학교 숙제가 많아? 학교 축제도 있어? 아이들은 착해, 아니면 못됐어? 선생님은 몇 분이나 돼? 한 반은 몇 명이야?

가족. 누구랑 같이 살아? 형제는 몇 명이야? 형제들 나이는? 할머니, 할아버지, 고모, 이모, 삼촌, 사촌 같은 다른 친척들을 자주 만나니? 특별히 좋아하는 친척이 있어? 식구들이 함께 모이면 뭘 하니? 가족들이랑 싸운 적도 있어? 너는 형제가 더 많거나 적었으면 좋겠니, 아니면 지금이 좋으니?

집. 어디에 사니? 도시에 사니? 아니면 시골에 살아? 집은 어때? 아파트에 사니? 집에 마당이 있니? 교통이 복잡하니? 학교는 걸어서 가, 아니면 버스나 지하철을 타고 다녀? 방은 누구랑 같이 써? 이웃집 사람들은 어때? 이사 가 본 적 있니?

친구. 친구들이랑 같이 있으면 뭘 하니? 운동이나 야외 활동을 좋아해? 클럽 활동은 어떤 걸 해? 네 친구들은 대부분 너랑 같은 학교에 다녀? 생일잔치 같은 데 많이 다녀? 단짝 친구가 있니?

음악. 어떤 음악을 좋아하니? 그런 음악이 네 친구들 사이에 인기가 있어? 노래를 하거나 악기를 연주하니? 밴드, 오케스트라, 합창단에 들어가서 활동해? 춤추는 거 좋아하니? 어떤 춤을 좋아하니? 너희 학교 애들은 주로 어떤 춤을 춰?

집을 떠나 지내기

캠프에 참가하거나 친척집에 머무르거나 청소년 단체에서 여행을 가거나……. 처음으로 집을 떠나 보면 예전보다 독립적인 사람이 된 기분이 들 거예요. 집이 그립기도 하겠지만 여러분만 그런 것은 아니랍니다. 집을 떠나면 누구나 향수를 느끼지요.

집에 있는 가족이나 친구들에게 편지를 쓰는 것도 향수병을 극복하는 방법이에요. 지금 하고 있는 일, 생각, 느낌 등을 설명하고 집에는 무슨 일이 있는지 물어보세요. 이렇게 하면 기분이 나아질 뿐 아니라, 답장을 기다리느라 우편함을 확인하면서 설레는 기분을 맛볼 수도 있지요.

집이 너무나 그립거든 바쁘게 움직이세요. 함께 놀 친구를 찾으세요. 집에 가고 싶어 하는 다른 아이들이나, 캠프 선생님 등 마음을 터놓고 이야기할 수 있는 어른도 좋겠지요. 향수병이 정말로 심해서 이겨낼 수 없을 것 같으면, 집에 전화를 해도 되느냐고 물어보세요. 때로는 식구들의 목소리만 들어도 마음이 편안해진답니다.

제가 열다섯 살 때, 영국에 사는 부모님 친구 분이 "여름에 타마라가 여기 와 주면 좋겠다"며 저를 초대하셨어요. 아이들 없이 두 분만 살고 계셨지요. 처음에는 친구들이 보고 싶을까 봐 가기 싫었어요. 하지만 결국에는 가게 되었지요. 영국 여행은 내가 바깥세상에 눈을 뜨는 계기가 되었어요. 다른 문화를 이해하게 되었고, 전에 생각하지 못한 것들을 체험하고 싶다는 열정을 품게 되었어요. 세상이 제가 자라는 작은 도시보다 훨씬 넓다는 사실을 깨달았고, 좁은 도시가 아니라 넓은 세상의 일원이 되고 싶어졌지요.

– 타마라 미닉 쇼칼로, P&G 마케팅 책임자

나는 여름 캠프를 갔을 때, 처음으로 우주인이 되겠다는 생각을 했어요. 내가 야외 활동을 좋아한다는 사실을 깨달은 것도 여름 캠프였지요. 밤하늘의 별을 바라보면서 천체와 천문학에 대한 열정을 갖게 되었답니다. 인디언의 화살촉을 보고 초기 미국 역사에도 관심을 갖게 되었고요. 나중에 여군에 입대했을 때, 캠프에서 배운 모험심과 협동 정신이 큰 도움이 되었어요. 캠프 근처에는 글라이더 비행장도 있었습니다. 거기서 하늘을 나는 글라이더들을 관찰했는데, 그것들이 나를 하늘로 유혹하는 것 같았어요. 언젠가 나도 하늘을 날겠다고 다짐했어요.

– 아일린 콜린스, 미국 항공 우주국 우주인 겸 우주 왕복선 선장

여행 경비 마련하기

여행을 하려면 돈이 많이 듭니다. 하지만 간절히 가고 싶은 곳이 있다면 경비를 마련하기 위해 노력하는 것이 '아이캔걸'이지요. 친구들과 함께 여행을 하고 싶다면 각자 용돈을 아껴 모으거나, 폐품을 모아서 함께 돈을 마련할 수 있어요. 혼자 여행할 계획이라면, 세차, 잔디 깎기, 아기 돌보기 같은 아르바이트를 해서 돈을 모을 수 있지요. 힘들여 돈을 버는 것은 여행이 그만큼 절실하고 중요하다는 사실을 부모님에게 보이는 방법이기도 해요. 부모님도 여러분의 노력에 감탄하여 기꺼이 돈을 보태 주실 거예요.

여름 캠프 중에는 참가비가 비싼 것이 많습니다. 하지만 잘 찾아보면 저렴한 캠프들도 있답니다. 그리고 컴퓨터나 글쓰기, 미술, 과학, 야구 등 특정 활동을 주제로 한 캠프에서는, 장학생을 선발해 참가비를 지원해 주기도 해요.

중학교에 다닐 때였어요. 나는 스카우트 대원들과 함께 종이로 잎사귀를 만들어 동네 봄 축제 때 동네 사람들에게 팔았어요. 그 돈으로 '신비한 항구 항해 학교'에 갈 수 있었어요. 직접 물건을 만들고 팔아서 돈을 벌고, 항해 학교에 갔던 거예요. 모두 나의 노력으로 얻은, 눈에 보이는 결과물이었어요.

- 샬럿 오토, P&G 상무 겸 국제관계책임자

부모님이 여행을 허락하지 않을 때

여러분이 최고로 근사한 계획을 세워 놓아도 부모님이 허락하지 않을 때가 있습니다. 여러분의 안전이 걱정되어서일 수도 있고, 집안 사정이 여의치 않아서일 수도 있고, 여러분이 뭔가 다른 일을 하기를 바라실 수도 있지요. 이유를 설명해 달라고 할 수는 있겠지만, 결국에는 부모님 말씀을 받아들여야 할 거예요.

그렇다고 마냥 실망하지는 마세요. 부모님이 반대하지 않을 싸고, 쉽고, 안전한 여행 방법이 얼마든지 있으니까요. 책을 읽고 상상을 하면 세계 어느 곳이든 갈 수 있어요! 야생 생물 사진가인 프랜시스 베일리스는 학창 시절 선생님이 들려준 남극 이야기를 듣고 남극의 매력에 사로잡혔어요. 남극은 지구에서 가장 추운 지역 중 하나지요. 프랜시스는 그때부터 남극에 대한 책을 읽고 정보를 수집해서 머릿속에서 완벽하게 남극을 그릴 수 있었답니다. 프랜시스가 실제로 남극에 간 것은 예순 살이 넘어서였지만요.

그러니까 부모님의 허락을 기다리거나 돈이 모이길 기다리는 동안, 집에서 준비하고 계획을 세우세요. 흥미로워 보이는 곳이나, 여러분 또는 친한 친구의 할아버지 할머니가 사시는 곳 등을 생각해 보세요. 그리고 그곳에 관련된 책이나 잡지 기사, 백과사전 등을 읽고, 그곳이 배경인 영화가 있는지도 찾아보세요.

시카고 마르바콜린스 사립고등학교 설립자인 마르바 콜린스는 어려서부터 여행 일지를 썼어요. "날마다 상상의 여행 일기를 썼어요. '나는 지금 독일에 있다. 어제는 라인 강에 갔다', '그리스에 가서 아크로폴리스를 봤다' 이렇게요. 모두 책을 읽고 쓴 거예요. 세계 곳곳에 관한 책을 읽고, 여러 나라에 상상의 친구도 만들었지요."

다른 나라 친구가 반드시 상상 속에만 있으란 법은 없지요. 선생님 또는 다른 어른들에게 펜팔 친구를 찾을 수 있게 도와달라고 하세요. 이메일이나 편지로 친구를 사귀는 거지요. 새 친구가 사는 곳의 이야기를 듣고 여러분이 사는 곳의 이야기를 들려주세요. 물론 낯선 아이에게 이름, 주소, 이메일 주소 등을 알려 줄 때는 조심해야 합니다. 부모님이나 선생님에게 확인을 받으면 괜찮을 거예요.

밖에 나갈 수 없거나 아이들과 어울릴 기분이 아닐 때는 백과사전을 꺼냈어요. 여기저기 내키는 대로 훑어보면서 다른 지방이나 다른 나라에 대해 읽으며 그곳에 가는 상상을 했지요.

- 재니스 허프, NBC 기상 캐스터

최고의 여행을 만드는 비결

- 🍦 낯선 모든 것을 모험으로 생각하세요.

- 🍦 여행을 최대한 활용하세요. 그러기 위해서 항상 미리 준비해야 해요.

- 🍦 사진, 비디오, 녹음기, 스크랩북, 일지 등을 통해서 경험을 기록해 두세요.

- 🍦 모험 자체만큼 모험을 준비하는 과정을 즐기세요.

- 🍦 새로운 사람을 만났을 때, 그들의 생활이 여러분과 어떻게 다른지 공부하세요.

- 🍦 나 또는 내가 사는 곳과 다르다는 이유로 다른 사람이나 장소를 비판하지 마세요. 나에게 정상으로 보이는 것이 다른 환경에서 사는 사람 또는 다른 나라에서 온 사람한테는 이상하게 보일 수 있다는 사실을 명심하세요.

- 🍦 떠나 있을 때도 식구들과 연락을 주고받으세요.

- 🍦 세상을 보고 경험하고 싶다면 차근차근 준비하세요. 더불어 명심할 것이 있습니다. 세상은 내가 사는 집에서 시작된다는 사실이지요.

chapter 7

변화를 두려워하지 마라

순조롭게 흘러가던 일상생활에 갑자기 변화가 생깁니다. 아빠가 집에 오시더니 이사를 갈 거라고 선언하시네요. 혹은 부모님이 이혼을 할 거라고 말씀하십니다. 다리가 부러지는 바람에 거의 날마다 하던 운동을 못하게 되었어요. 할아버지 할머니가 돌아가셨거나 친구가 갑자기 세상을 떠났어요. 그러면 갑자기 세상 모든 일이 끔찍해집니다. 이보다 더 나쁜 일이 생길 수는 없을 것 같지요.

이런 큰 변화는 누구에게나 충격입니다. 평소에 무척 침착한 사람이라도 영향을 받지 않을 수 없지요. 하지만 여러분은 어떤 일이 생겨도 대처할 수 있을 만큼 강인하다는 사실을 명심하세요. 어떻게 해야 하느냐고요? 자신의 내면을 들여다보고 함께 변화의 물결에 휩쓸린 다른 사람에게 도움을 청하세요. 무엇보다 변화는 삶의 일부라는 것을 잊지 마세요. '아이 캔걸'인 여러분은 모든 것이 숨 가쁘게 변하는 동안에도 배우고 성장하고 때로는 즐길 수도 있어요.

우리가 조사한 성공한 여성들 중 많은 사람은
이사나 부모의 이혼 같은 생활의 큰 변화를 긍정적인 경험으로 받아들였다.
이겨내기 어려운 변화를 겪을 때도 그 속에서 무엇인가 배우기 위해 애썼다.

그래도 이사는 싫어!

보통 여러분은 가족이 이사를 하느냐 마느냐에 선택권이 없습니다. 하지만 이사에 어떻게 대처하느냐에 대해서는 선택권이 있지요. 익숙한 친구와 동네를 떠난다는 것이 힘든 일이긴 하지만, 여러분의 노력에 따라 오히려 긍정적인 경험으로 바뀔 수 있어요.

이사에는 좋은 점도, 나쁜 점도 있어요. 새로운 환경에 적응하며 자신감을 얻는 계기가 되기도 하지만, 한동안 힘든 시간을 보내야 할 수도 있죠. 사실 이런 차이를 만드는 것은 여러분의 태도예요. 예전 학교 자랑만 가득 늘어놓고, 새로운 학교에 대해서는 불평만 하면 새로운 친구들이 좋아할까요? 내가 보기에 어떻든 새로운 학교 학생들은 자기 학교를 좋아하지 않을까요? 아이들이 내심 자기 학교를 싫어한다고 해도 마찬가지예요. 새로 전학 온 아이한테 자기 학교 험담을 듣고 싶지는 않을 테니까요.

전학생이라는 위치를 최대한 활용하면, 새로운 친구들도 여러분을 쉽게 받아들일 거예요. 머지않아 관심사가 비슷한 친구들을 만날 것이고, 그러면 정말로 새로운 학교가 편안해지겠지요. 편안하게 적응하는 데 도움이 될 비법이 몇 가지 있어요.

자신을 위한 송별회를 열어요. 옛집을 떠나기 전에 친구들과 함께하는 자리를 마련하세요. 친구들의 주소, 이메일 주소, 전화번호를 챙기는 것을 잊지 마세요. 앨범에 서명을 해 달라고 하는 것도 좋은 방법이에요. 특별히 가까웠던 친구들과 사진이나 녹음테이프를 교환하는 것도 좋지요. 이런 기념품들을 새 방에 갖다 놓고 들여다보며 힘을 내세요. 친구들한테 전화를 하거나 편지 또는 이메일을 쓰

163

세요. 친구를 새 집으로 초대하고 내가 옛 동네를 찾아갈 수도 있지요. 친구들과 계속 연락하세요.

이사 갈 동네의 좋은 점을 찾아보세요. 도서관과 인터넷에서 이사할 곳의 지도를 살펴보세요. 도서관에서 관련된 책을 빌려 보세요. 이사 가기 전에 미리 새 동네를 가 보는 것도 좋습니다. 흥미로워 보이는 곳, 왠지 좋아질 것 같은 장소의 목록을 만들어 보세요. 탐험 정신을 가지고 여행을 하듯이 변화에 다가가세요. 새로운 사람, 새로운 일, 새로운 풍경이 기다리는 새로운 장소를 만나는 거잖아요. 모험을 떠난다고 생각하세요.

학교는 어떻게 다른지 알아보세요. 전학할 학교에 대해 미리 알고 싶다고 부모님에게 도움을 청하세요. 새로 등교하기 전에 수업이 예전 학교보다 쉬운지 어려운지 알아보세요. 차이가 크지 않으면 적응하기가 한결 쉬울 거예요. 예전보다 어려울 것 같으면 학원에 다니거나 과외를 받고 싶다고 부모님에게 말하세요. 새 학교의 담임 선생님이나 상담 선생님을 부모님과 함께 찾아가, 이런 문제점을 이야기하고 조언을 구할 수도 있답니다. 이미 학교를 다니는 학생이 전학생과 친구가 되어 학교생활에 대해 알려 주는 프로그램이 마련되어 있을지도 몰라요. 이런 프로그램을 통해 새로운 친구를 사귈 수도 있지요. 새로운 학교가 예전 학교에 비해 공부 수준이 낮다 싶으면, 다른 학교를 알아볼 수 있는지 부모님과 상의하세요. 선생님을 찾아가 고민을 말할 수도 있을 거예요. 어쩌면 학교 안에서 도움을 받을 수 있을지도 모르니까요.

적극적으로 새로운 친구를 사귀세요. 학교에 가기 전에라도 이사 갈 동네 아이들을 만날 수 있는지 알아보세요. 아이들이 자기 친구들에게 여러분을 소개해 줄 수도 있지요. 전학생에게 친구를 붙여 주어서 학교를 안내하고 새 친구를 소개하게 하는 학교들도 많아요. 그런 제도가 있다면 첫날 적어도 친구 한 명을 사귀게 되는 거죠. 또 전학생이 잘 적응하도록 도와주는 학생 모임이 있는 학교도 있어요. 진정한 친구를 사귀려면 시간이 좀 걸리겠지만 열심히 기회를 찾아보세요. 예를 들어 공통점이 있을 것 같은 아이를 보면 다가가려고 노력해 보세요. 복도에서 만나면 인사를 건네며 말을 걸어 보세요.

참여하기 전에 관찰하세요. 새로운 일을 시작하는 것은 즐거운 일입니다. 하지만 학교에서는 어떤 것도 서두를 필요가 없답니다. 여러 클럽과 활동을 찾아보세요. 친해지고 싶은 아이들을 찾기 위해 눈과 귀를 활짝 열어 놓으세요. 나쁜 무리와 친해지면 스트레스를 받게 돼요. 여러분과 기본적인 관심과 가치관이 비슷한 친구를 찾아보세요. 처음 친구를 고를 때 신중하게 다가가야 해요. 그래야 우정을 길게 유지할 수 있답니다.

명랑하게 생활하려고 노력하세요. 눈물을 흘리거나 자기를 불쌍히 여기는 태도는 도움이 되지 않아요. 긍정적인 마음을 가질수록 적응하기 쉽답니다. 상황을 최대한 활용하기 위해서 할 수 있는 일이 무엇인지 찾아보세요. '아이캔걸'의 자세로 최선을 다하세요!

나는 워싱턴 주 타코마에서 유난히 친밀한 가족과 많은 친구들에 둘러싸여 자랐어요. 그리고 과학, 수학, 영어, 스페인어 우등반을 갖춘 최고의 중학교에 다녔지요.

그때 아빠가 직장을 옮기게 되었어요. 나도 전학을 하게 되었죠. 처음 새 학교에 갔을 때를 잊을 수가 없어요. 책상이 얼마나 낡았는지 몰라요. 삐걱거리는 데다 50년 동안 아이들이 여기저기 칼로 파놓은 자국은 또 얼마나 많던지! 선생님들은 도대체 재미라고는 없는 수업을 하셨어요. 신선하기는커녕 지루하기 짝이 없었고 학교 행사도 뻔하기 그지없었어요. 너무 속상해서 책으로 얼굴을 가리고 울었던 기억이 납니다.

새로운 친구들도 역시나 이해하기 힘들었어요. 시시덕거리는 애들이 너무 많았고, 여자 아이들은 예전 학교에 비하면 너무나 유행에 뒤떨어진 옷을 입고 있었어요. 나는 다양한 가정 환경에서 자란 다양한 인종의 아이들이 뒤섞여 공부하는 대도시 학교에서 왔어요. 그런데 여기에는 흑인과 히스패닉 아이들뿐이었죠. 지구가 아닌 다른 별로 이사 온 느낌이었어요.

- 수잔 르마지, 산부인과 의사

내가 고등학교 2학년을 마쳤을 때 우리는 플로리다로 이사를 갔습니다. 부모님의 결혼 생활에도 문제가 있었고 경제 사정도 좋지 않아서였어요. 부모님은 팍팍한 삶을 바꿀 수 있지 않을까 하는 기대를 안고 이사를 결심하셨지요. 하지만 그런 일은 일어나지 않았어요. 결국 어머니는 혼자서 네 아이를 키우게 되었고 하루 종일 일하셨어요.

나는 플로리다에 온 것이 속상해서 모두에게 신경질을 냈어요. 하지만 6개월이 지나자 마음이 점점 가라앉더군요. "괜찮아, 나는 여기서 최선을 다할 거야. 나는 비참하지 않아" 하고 나에게 타일렀습니다.

새 학교의 수학 선생님은 정말 훌륭한 분이셨어요. 선생님은 나에게 레슬링 팀에서 점수를 기록하고 통계를 내는 일을 하라고 하셨죠. 나는 학교 행사에 적극적으로 참여했고, 전통적인 졸업반 생활을 했고, 졸업 파티에 갔고, 모교 방문이나 동창회 일에도 열심이었어요. '학교를 빛낸 졸업생'으로 상도 받았답니다. 결국 모든 상황이 오히려 좋아진 거예요.

- 리사 헤이예스-테일러, 초등학교 교사

국제 정치에 대한 깊은 관심은 초등학교 2학년 때 우리 가족이 북아프리카로 이사를 가면서 시작되었어요. 갑자기 많은 것이 변했어요. 도우미 아주머니가 집안일을 거들러 오셨고, 우리 가족은 페즈, 마라케시 같은 여러 도시를 여행했죠.

내가 열두 살 때 가족은 다시 미국 애리조나로 이사를 왔어요. 나는 규모가 크고 아주 조잡한 시내 학교에 다니게 되었어요. 나는 새 학교에 적응하지 못했죠. 학교가 너무나 불만스러웠고, 그래서 우울한 나날을 보냈어요.

중학교 1학년 때 우리는 남부 캘리포니아로 다시 이사를 갔어요. 나는 상냥한 아이들과 친구가 되었고 웅변과 토론에 참여했어요. 부모님은 이곳이 마음에 들면 부모님을 따라 이사하지 않고 여기서 공부를 마쳐도 좋다고 하셨어요. 게다가 영어 선생님 댁에서 살 수 있게 되었죠. 선생님은 내가 좋은 대학에 들어갈 수 있게 도와주셨어요. 정말 믿기지 않는 좋은 기회였죠.

– 마샤 에반스, 미국적십자사 회장, 퇴역 해군 소장

내가 열한 살 때 우리 가족은 미국 북부 지방의 뉴욕 주를 떠나 서부 지방에서 살길을 찾아보기로 했습니다. 우리는 모든 가재도구를 이삿짐 차에 싣고 남부 캘리포니아까지 갔어요. 후버 댐에 도착했을 때 45킬로미터쯤 거리에 라스베이거스가 있다는 표지판이 보였습니다. 부모님은 그날 밤을 라스베이거스에서 보내기로 결심했어요. 그리고 우리는 라스베이거스를 떠나지 않았습니다. 부모님이 나에게 해 주신 최고의 선물은 라스베이거스로 이사를 간 거예요. 내가 어디서도 가져 보지 못한 기회가 눈앞에 펼쳐졌거든요. 나는 라스베이거스에서 자랐다기보다는 라스베이거스와 함께 자랐어요.

– 셸리 버클리, 하원의원

새로운 삶의 시작

앞에서 자신의 이사 경험을 소개한 여성들에게 이사가 어떤 영향을 미쳤을까요? 간단히 알려 줄게요. 리사 헤이예스 테일러는 플로리다의 학교에서 선생님으로 일하고 있습니다. 이사 와서 처음으로 다녔던 학교의 선생님이 된 거예요. 리사가 새로운 환경에 적응하도록 적극적으로 도와준 선생님들이 계신 곳이기도 하고요. 셸리 버클리는 라스베이거스를 정말 사랑해서 계속 그곳에 살며 마침내 그곳을 대표하는 하원의원이 되었죠. 수잔 르마지는 전학 간 고등학교를 끝까지 좋아하지 않았습니다. 하지만 그 경험 덕에 대학을 선택할 때 자신이 싫어하는 것이 무엇인지 알 수 있었고 나중에 교육계로 진출해 아이들을 위한 학교를 만들자는 운동을 벌였어요. 아버지가 해군이어서 여러 차례 이사를 해야 했던 마샤 에반스는 이사를 두려워하기보다는 모험으로 받아들이고 즐기는 법을 터득했지요. 그리고 자신도 해군에 입대하여 소장까지 진급했어요. 소장까지 진급한 여성은 많지 않답니다. 은퇴한 뒤 마샤는 뉴욕으로 이사를 했습니다. 이후 미국 걸스카우트 초대 사무국장을 지내고 이어서 미국 적십자사 회장이 되었지요.

부모님이 이혼했을 때

의견 차이와 말다툼은 살면서 피할 수 없는 일이에요. 사이좋은 부부라도 마찬가지지요. 그러니까 가끔 부모님이 티격태격하는 소리를 들어도 너무 놀라지 마세요. 그렇다고 부모님이 이혼하는 건 아니니까요. 하지만 부모님이 진짜로 이혼하게 되면 아래 충고들을 명심하고 상황에 대처하세요.

자신을 탓하지 마세요. 아이들은 종종 자기 때문에 아빠 엄마가 다투는 건 아닌지 걱정하곤 해요. 하지만 부모님이 이혼하게 되는 건 굉장히 큰 문제들이 있기 때문이지, 아이들 때문은 아니랍니다. 아마 부모님은 두 분 사이의 문제를 여러분과 나눌 수도 없고, 나누고 싶지도 않을 거예요. 그러니까 결코 자기 자신을 탓하지 마세요.

아빠, 엄마 모두 사랑해도 괜찮아요. 아빠가, 또는 엄마가 더 잘못해서 부모님이 이혼하게 된 것처럼 보이는 경우도 있어요. 아빠가 나에게 엄마를 흉보거나, 엄마가 나에게 아빠를 헐뜯는 말을 할 수도 있지요. 물론 아빠 엄마는 서로에게 화가 났을 테니 그런 말을 할 수 있어요. 하지만 이런 이야기를 듣는 여러분은 더 혼란스러워질 수도 있어요. 자신의 감정을 믿고 어느 쪽을 택해야 한다는 생각을 버리세요. 여러분은 아빠 엄마를 모두 사랑할 수 있고, 아빠나 엄마, 또는 둘 다에게 화가 날 수도 있답니다.

상담을 받아 보세요. 정말 슬프고 우울하다는 생각이 드는데 누구한테 말을 해야 할지 모르겠다면 상담 전문가를 찾아보세요. 학교 상담 선생님과 약속을 잡아도 좋고, 부모님에게 아는 상담 전문가가 있는지 물어보는 것도 좋아요. 상담 전문가의 역할은 여러분이 상황을 정리하고 마음을 진정하도록 도와주는 거예요. 아빠나 엄마의 편을 드는 것이 아니라 그저 여러분을 위해 거기 있어 주는 것이지요. 상담 전문가가 독심술사는 아니기 때문에, 여러분의 감정을 말로 잘 표현해야 해요. 그게 상담 전문가를 만났을 때 여러분이 해야 할 역할이죠. 말하기가 창피하고 속상하더라도 표현해야 해요. 시간이 지나고 나면 감정을 표현한 것이 힘든 시간을 극복하는 데 도움이 되었다는 사실을 깨닫게 될 거예요.

의지할 수 있는 다른 어른을 찾아보세요. 부모님이 이혼을 하는 과정에서는 아이들이 부모님에게 의지하기가 힘들어요. 아빠도 엄마도 자신들의 문제에 깊이 빠져 있어서 아이들의 심정을 들어 줄 만한 여유가 없다고 느끼기 때문이지요. 하지만 부모님 말고도 다른 어른들이 있답니다. 여러분을 안아 주고, 여러분의 이야기에 공감하며 조언해 줄 어른, 평소 부모님이 해 주는 모든 것을 대신해 줄 어른들이 있을 거예요. 화학 선생님인 엘리자베스 다보르브스키는 부모님이 이혼한 뒤에 항상 삼촌이 함께해 주었다고 기억해요. 그래서 학교에서 어버이날에 카드를 쓸 때, 엘리자베스는 삼촌에게 카드를 썼답니다.

> 저는 가톨릭 학교에 다녔는데, 마음에 안 드는 게 한 가지 있었어요. 이혼하면 지옥에 간다는 말을 들어야 했다는 거예요. 저희 부모님은 이혼을 하셨으니 신경이 쓰일 수밖에요. 참으로 현명하고 근면한 우리 엄마가 지옥에 간다는 말이 도대체 믿기지 않았어요. 이렇게 말하는 신부님도 계셨죠. "문제아들은 이혼한 가정에서 나옵니다." 하지만 나는 신부님이 틀렸다고 생각했어요. 우리 엄마는 정말 훌륭한 분이었고 나도 훌륭한 사람이 되려고 늘 노력했으니까요.
> **– 엘리자베스 다보르브스키, 화학 교사**

인내심을 가지세요. 부모님의 이혼 계획을 알게 되면 아마도 질문이 많이 생길 거예요. 나는 누구랑 살게 될까? 어디에 살게 될까? 이사를 가거나 학교를 옮겨야 할까? 엄마랑 함께 살게 되면 아빠는 얼마나 자주 볼 수 있을까? 부모님이 이런 문제에 분명히 대답해 줄 때까지, 두렵고 걱정스러운 시간을 보내게 됩니다. 부모님이 모두 여러분의 적응을 도와준다면 정말 좋겠지만, 그렇지 않아도 시간이 어느 정도 흐르면 새로운 생활에 자리 잡게 돼요. 부모님이 이혼한 뒤에 생활이 나아졌다고 말하는 아이들도 있어요. 집에서 부모님이 싸우는 소리를 더는 듣지 않아도 되니까요.

하던 일을 계속하세요. 부모님이 이혼하는 과정에 있더라도, 여러분이 하던 활동이나 학교 숙제를 소홀히 하지 마세요. 활발하게 생활하는 것이 오히려 도움이 됩니다. 마음을 어지럽히고 슬프게 하는 사실, 여러분이 어떻게 할 수 없는 일들을 잠시 잊게 해 주니까요. 그 와중에 성적까지 떨어지면 스트레스가 더할 거예요. 감정적으로 힘든 시기에도 여전히 즐거운 시간을 보낼 수 있어요. 감정을 이야기하고 진정시킬 시간을 만드세요. 하지만 이미 익숙한 여러 활동(학교, 숙제, 친구들과의 모임, 클럽 활동 등)에는 계속 참가하세요. 여러분이 안정감을 느끼도록 도와줄 거예요. 여러분을 둘러싼 중요한 환경이 변하는 것이기 때문에, 다른 것들은 제자리에 있는 것이 더욱 좋아요.

부모님은 내가 열두 살에 이혼하셨고 어머니는 나중에 재혼해서 동생을 낳았어요. 우리 남매들은 모두 어머니와 함께 살았기 때문에 아버지를 자주 보지는 못했어요. 하지만 아버지가 항상 나를 생각하고 있다는 사실은 알고 있었지요. 아버지는 종종 전화를 해서 내가 잘 지내는지 확인했고, 무슨 일을 하고 있는지 알고 싶어 하셨어요. 나는 항상 아버지가 나와 언니 오빠 들을 응원하고 있다고 느꼈어요.
- 폴린 로비테이, 간호사 겸 서지컬서비스 이사

부모님은 내가 열세 살에 이혼했어요. 우리 사남매는 엄마 집과 아빠 집을 오가는 생활을 해야 했지요. 조금 혼란스럽긴 하지만 그리 별날 것도 없는 생활이었어요. 아버지는 재혼을 해서 일곱 아이와 침팬지, 독일 셰퍼드와 살았어요. 사실 우리가 힘들었던 건 어머니 때문이었어요. 어머니는 망연자실해서 우리에게 가리지 않고 모든 이야기를 쏟아내셨거든요. 어머니는 원래 그런 성격이었어요. 나는 이해하기 힘들었지만, 그래도 어머니와 친밀하게 잘 지냈지요.
- 애니크 라파즈, 컨텐트빌 사 수석 부사장

친구가 부모님의 이혼으로 힘들어 한다면, 어느 때보다도 여러분이 필요하다는 사실을 명심하세요. 친구가 우울하거나 슬픈 기분일 수도 있지만, 여러분이 함께 있어 주어야 해요. 친구의 엄마 또는 아빠의 편을 들어줄 필요는 없어요. 그냥 함께 있어 주세요. 이야기를 잘 들어주는 사람이 되어 친구가 감정을 나누게 해 주세요. 친구가 많이 힘들어 보이면 상담 전문가를 만나 보라고 격려해 주세요.

몸이 많이 아플 때

건강한 음식을 먹고 운동을 많이 하며, 충분히 쉬고 건강에 좋은 다른 활동들까지 겸한다면 병에 자주 걸리지는 않을 거예요. 하지만 몸이 아프거나 사고로 다치는 일은 언제든 일어날 수 있지요. 의사들 말로는 가끔 아픈 것이 나중에 혹시 큰 병에 걸려 병과 싸워야 할 때 도움이 된다고 해요. 병이 나거나 다쳤을 때, 긍정적인 방식으로 이겨 나가려면 어떻게 해야 할까요?

많은 성공한 여성들은 심각한 건강 문제가 자신들을 더욱 강인하게 만들어 주었다고 말해요. 타마라 미닉 쇼칼로는 태어날 때부터 엉덩이뼈가 탈골되어 오랫동안 몸통에 기브스를 하고, 다리에 보조 기구를 착용해야 했어요. 아이들은 타마라의 모습을 비웃었어요. 뿐만 아니라 많이 짓궂은 아이들은 타마라를 밀어서 넘어뜨리고 일어나려고 버둥거리는 모습을 보며 웃었어요. 타마라는 바로 이런 경험 덕분에, 자신이 오늘날 낙오자들의 희망이자 괴롭힘 당하는 약자들의 보호자로 활동할 수 있었다고 말합니다. 타마라는 도움과 격려가 필요한 사람들의 권리를 보호하는데 앞장서면서, 어린 시절 자신을 괴롭혔던 아이들처럼 남을 괴롭히는 사람들에게 당당히 맞서고 있어요.

"하늘이 무너져도 솟아날 구멍이 있다"라는 말이 있지요. 여기서 비결은 바로 솟아날 구멍이 무엇인지 알아내려고 노력하는 거예요. 정형외과 의사 루스 오키페는 고등학교 밴드에서 활동하다 사고를 당했을 때 그렇게 솟아날 구멍을 찾았어요. 심각한 사고였어요. "입을 심하게 다쳤고 이도 다쳤어요. 더는 호른을 불 수 없는 상태였지요." 끔찍한 일이었지요. 하지만 호른을 불 수 없게 된 루스는 학교 화학 실험실을 둘러보다가 과학에 흥미를 갖게 되었어요. 그 사고가 없었다면 결코 과학의 재미를 깨닫지 못했을 거예요. 루스는 이제 "사고에 감사하고 싶은 마음이에요!" 하고 말합니다.

다른 여성들도 비슷한 경험을 했어요. 샨텔 도데이의 어머니는 다발성경화증이라는 신경계 질환을 앓고 있었어요. 덕분에 샨텔은 일찍부터 환자를 돌보는 일을 했지요. 마샤 에반스의 어머니는 한때 소아마비를 앓았어요. 지금 두 사람은 모두 남을 돕고 돌보는 일을 하고 있어요. 샨텔은 내과 의사이고 마샤는 미국 적십자사 회장이지요. 적십자사는 질병, 화재, 자연 재해를 비롯한 긴급 상황을 당한 사람들을 돕는 단체예요.

내가 다섯 살 때 어머니는 다발성경화증을 앓았어요. 나는 어린 나이에 생활이라는 현실을 깨달았지요. 나는 친구 집에 놀러 가는 대신 마트에 가서 엄마가 종이에 적어 준 식료품을 사 왔어요. 어른들의 책임을 나누는 대신 어린이로서 누려야 할 다른 것들을 놓쳤지요. 보통은 엄마가 아이들을 돌보지만, 우리는 반대로 엄마를 돌봤어요.
- 샨텔 도데이, 내과 의사

아주 어렸을 때의 기억 중 하나는 아빠가 해군에 가 계신 동안 엄마가 가벼운 소아마비를 앓았다는 거예요. 나는 내가 할 수 있는 만큼 엄마를 도와드렸어요. 아기 침대에 몸을 바싹 대고 남동생 기저귀를 갈았던 기억이 나요. 엄마가 병마와 싸우는 모습을 보면서 엄마에게 삶이 얼마나 힘든가를 깨닫기도 했지요. 힘들어했던 엄마의 모습은 내 마음속에 깊이 새겨져 있어요.
- 마샤 에반스, 미국적십자사 회장, 퇴역 해군 소장

식구가 아프거나 사고를 당했을 때, 나는 아무것도 할 수 없다는 무력감을 느낄 수도 있어요. 하지만 작은 일이라도 도울 방법이 많이 있답니다. 아픈 식구를 돌볼 수도 있고, 집안일을 도울 수도 있지요. 아픈 사람에게 용기를 주고 즐겁게 해 줄 방법을 찾는 것도 역시 도움이 되는 일이에요.

심한 병을 앓고 나면 사람은 한층 강해질 뿐 아니라 참을성도 배우게 됩니다. 다른 사람의 감정에 섬세하게 반응하고 남을 돕는 방법도 터득하게 되지요. 또한 건강의 소중함도 깨닫게 되어 자신의 몸을 돌보는 데도 더욱 신경을 씁니다. 사고와 질병은 결코 좋은 일은 아니지만, 누구한테나 일어날 수 있는 일이에요. '아이캔걸'이라면 이런 상황을 통해 삶을 배우고, 상황을 최대한 좋은 쪽으로 해결하려고 노력해야 합니다.

가장 안 좋은 일이 생긴다면

병에 걸린 대부분의 사람은 병을 극복하거나 병을 안고 사는 법을 배웁니다. 그리고 계속 살아가지요. 하지만 건강이 좋아지지 않을 때도 있습니다. 친구, 가족, 애완동물…… 여러분이 아는 누구에게도 그런 일이 생길 수 있어요.

화가 샌드라 시츠*는 현명하고 다정한 아버지를 존경하고 사랑했어요. 하지만 샌드라가 겨우 여덟 살 때 아버지가 세상을 떠나고 말았지요. 어머니는 아버지의 죽음에 현명하게 대처하지 못했고 도박으로 보험금마저 모두 날렸어요. 결국 샌드라가 고등학교를 자퇴하고 어머니를 도와야 했어요. 어머니한테 문제가 많았지

어려운 시간을 통해 더욱 단련된다

만 샌드라는 어머니를 사랑하고 기꺼이 돌보았어요. 반면 여동생
은 어머니 때문에 항상 괴로워했지요. "동생과 저는 많이 닮은 얼
굴이에요. 다만 동생 얼굴은 항상 어둡고, 제 얼굴은 항상 미소가
감돌고 밝았다는 것만 달랐지요." 낙천주의와 굴하지 않는 인내력
덕분에 샌드라는 어려운 시간을 견딜 수 있었고, 마침내 소망하던
화가가 되었어요.

잡지 〈코스모폴리탄〉의 전 편집장 헬렌 걸리 브라운의 아버지는
헬렌이 열 살 때 사고로 돌아가셨어요. 아버지가 돌아가신 후 가정
형편이 어려워져서, 헬렌은 고등학교 졸업식 때 졸업생 대표였는
데도 대학에 가지 못했어요.

그래도 아버지에 대한 기억은 헬렌에게 격려가 되고 힘이 되었어
요. 아버지는 항상 헬렌에게 글쓰기 대회에 나가라고 격려했고 헬
렌은 대회에서 우승을 한 적도 있었지요. 그러니 자신이 작가가 되
고 편집자가 되는 것이 당연하다고 생각했어요. 세상을 떠난 사람

들은 죽은 뒤에도 그를 기억하는 사람들을 통해서 여전히 살아간다고 믿는 이들도 있답니다. 헬렌의 경우를 보면 아주 틀린 말도 아니에요.

어떻게 대처하고 받아들이든 사랑하는 사람을 잃는 것은 쉽지 않은 일이에요. 그러니 슬프고 이따금 눈물이 나와도 당황하거나 창피해하지 마세요. 이런 상처는 치유하는 데 시간이 오래 걸려요. 사랑하는 사람을 잃고 아파하는 사람에게는 가족과 친구들의 많은 사랑과 도움이 필요합니다. 그러니 조금은 긴장을 풀고, 다른 사람들의 사랑과 도움을 받아들이세요. 다른 사람들이 여러분을 돌보고 챙길 수 있게 해주세요. 이런 충격과 슬픔, 고통을 헤쳐 나가도록 도와줄 상담 전문가를 만나 상담을 하는 것도 망설이지 마세요.

새로운 식구 받아들이기

어린 시절 수잔 위드햄의 집은 불에 타서 무너지고 말았어요. 수잔은 집을 다시 지을 때까지 이모 집에서 살아야 했지요. 부모님과 떨어져 지내는 것은 당연히 힘든 일이었어요. 게다가 이모네 외동딸은 수잔과 함께 지내는 것을 달가워하지 않았어요. 방도 같이 써야 했고, 부모님의 관심도 뺏긴다고 생각했으니까요.

아이들이 갑자기 낯선 사람과 살게 되는 일은 그리 드물지 않습니다. 부모님이 재혼을 하거나, 아이들을 돌볼 수 없을 만큼 많이 아프거나, 할아버지 또는 할머니를 돌봐야 하거나, 새로운 아이를 입양하거나, 엄마가 임신을 하게 되는 경우 등 그런 상황은 무수히 많아요.

'아이캔걸'이라면 이럴 때 어떻게 대처해야 할까요? 이런 방법은 어때요?

다른 사람의 입장을 이해하려고 노력하세요. 사촌이 자신을 달가워하지 않는다는 걸 느꼈다 해도, 두 아이는 서로에게 공감하고 이해할 수 있을 거예요. 수잔이 화재로 집을 잃어 딱한 사정이긴 하지만 사촌도 자신의 생활을 방해받은 것은 사실이니까요. 여러분이 남의 집에 가서 함께 살게 되거나, 남이 여러분의 집에 와서 함께 살게 된다면, 상대방의 처지를 헤아려 보세요. 연로하신 할머니가 여러분의 집에서 함께 사시게 되었다면 할머니는 무슨 생각을 하고 계실까요? 다른 사람의 도움을 받아야만 한다는 사실 때문에 속상해하고 계실지도 몰라요. 엄마가 재혼해서 새 남동생이 생겼나요? 그 아이도 새로운 엄마에 적응하려면 시간이 필요할 거예요. 부모님이 동생을 입양했나요? 동생도 새로운 집이 낯설어 힘들 거예요. 그러니 참을성을 갖고 변화를 다른 사람의 관점에서 보려고 노력하세요. 운이 좋으면 상대방도 여러분 입장에서 상황을 보려고 노력하겠지요. 그렇게 되면 모두 서로 이해하고 이해받는 행복을 누리게 될 거예요.

모두가 편해질 수 있는 타협점을 찾으세요. 새로운 사람 때문에 마음이 정말로 불편하다면, 모두가 편안해질 수 있는 방향으로 새로운 제안을 하는 것도 좋아요. 조금만 손을 보면 침실로 만들 수 있는 지하실이나 다락방, 서재가 있지는 않은가요? 화장실 때문에 항상 다툼이 일어난다면 샤워나 목욕을 하는 시간을 각자 정해 놓는 게 어떨까요? 모든 문제에는 해결책이 있게 마련이고, '아이캔걸'이라면 해결책을 찾을 수 있어요. '아이캔걸'은 항상 유연한 사고로 모두에게 도움이 되는 방법을 찾아내지요.

일기에 여러분의 기분과 고민을 표현하세요. 속상했던 일이나 화가 났던 일을 일기에 써 보세요. 그러면 마음을 진정시키는 데 도움이 될 겁니다. 친한 친구한테 말하듯이 일기에 이야기하세요. 어떻게 하면 문제를 해결할 수 있을지 생각해 보고, 떠오르는 해결 방법도 적어 보세요. 다른 사람의 처지에서 지금의 상황을 써 보는 것도 좋은 방법이에요. 지금 상황에서 긍정적인 점을 찾아내서 쓰도록 노력해 보세요. "레몬이 있으면 레모네이드를 만든다"라고 하잖아요. 레몬은 시어서 먹기 어렵지만, 조금만 생각을 바꾸면 맛있는 레모네이드를 만들 수 있죠.

혼자만의 시간과 공간을 마련하세요. 누군가와 방을 같이 쓰더라도 매일 혼자 있는 시간은 필요해요. 산책을 할 수도 있고, 혼자만 아는 은신처를 찾을 수도 있고, 헤드폰을 끼고 세상을 잠시 잊는 방법도 있어요. 여러분이 그러는 것을 보고 걱정하는 사람이 있다면, 잠시 혼자 있는 시간이 필요하다고 설명해 주세요. 한 시간쯤 그러고 나면 다시 사람들과 어울릴 마음이 생길 겁니다.

익숙해지면 더 이상 변화가 아니에요. 여러분 가족과 함께 살게 된 사람이 잠시 동안만 머물 때도 있어요. 하지만 새롭게 살게 된 사람도 오랜 시간 함께 지내다 보면, 나중에 그 사람이 떠났을 때 허전한 마음이 들걸요. 시간은 우리가 새로운 것에 적응하도록 도와줍니다. 어느 정도 시간이 지나면 새로운 것도 더는 새롭지 않지요. 항상 그 자리에 있었던 사람처럼 느끼게 되는 거예요. 갑자기 내가 언제 외동딸이었나 싶은 생각이 들지도 모르죠. 저녁 시간에 할머니가 없는 생활을 상상하기 힘들지도 모르고요.

도와줄 누군가와 대화를 하세요. 엄마나 아빠가 머릿속이 복잡해 여러분의 고민을 들어줄 상황이 아니라면, 친구, 고모나 이모, 할아버지 할머니, 다른 친척, 학교 상담 선생님 등을 찾아가서 의논하세요.

다른 사람을 공정하게 대하세요. 어떤 변화가 마음에 들지 않는다고 남을 불행하게 만드는 것은 이치에 맞지 않아요. 갑자기 여러분의 삶에 끼어든 할머니나 새로운 동생에게 심술궂게 굴어 봐야, 여러분에게 전혀 도움이 되지 않는답니다. 새로 태어난 아기를 무시하는 것도 마찬가지예요. 가능한 한 새로운 사람들을 환영하려고 노력하세요. 할머니를 위해 그림을 그리고, 동생과 게임을 하고, 아기한테 분유를 타 주세요. 다른 사람을 행복하게 하는 동안 여러분 마음속의 평화와 행복도 커질 거예요.

삶의 큰 변화에 대처하는 비결

🍦 변화를 새로운 것을 배울 기회로 생각해 보세요.

🍦 안 좋은 일이 계속되더라도 긍정적인 태도를 가지세요. 나아질 가능성은 항상 있으니까요.

🍦 조언이나 도움을 받고 싶거나, 누군가의 어깨에 기대 울고 싶다면, 믿을 만한 사람에게 도움을 청하세요.

🍦 급작스러운 변화가 생기더라도, 가능한 한 평소대로 생활하세요.

🍦 자신의 건강을 돌보세요. 몸이 건강하면 문제가 생겨도 대처하기가 한결 수월해요.

🍦 여러분 삶에 끼어든 사람과 타협할 방법을 궁리하세요. 그 사람들도 여러분과 마찬가지로 힘든 시간을 보내고 있다는 사실을 잊지 마세요. 그들의 입장에서 상황을 보려고 노력하세요.

🍦 일기를 쓰고 개인적인 시간을 가질 방법을 찾아보세요.

🍦 변화를 즐겨 보세요. 살다 보면 변화는 결코 피할 수 없답니다.

chapter 8

역할 모델과 멘토를 찾아라

일상생활에서 사람을 관찰할 기회는 정말 많아요. 집이나 학교, 동네에서는 물론이고, 텔레비전이나 잡지, 영화 등 모든 곳에서 관찰할 수 있지요. 여러분이 본 사람들이 세상을 보고 행동하는 방식, 하는 일, 살아가는 태도가 모두 여러분에게 영향을 줄 수 있어요. 어렸을 때 엄마, 소방관, 선생님, 영화배우 역할을 하며 놀았던 기억을 떠올려 보세요. 엄마, 소방관, 영화배우 같은 사람들을 어떻게 알게 되었나요? 그 사람들이 어떤 일을 하는지 어떻게 알게 되었나요? 여러분의 사고방식을 만드는 데 도움을 주는 역할 모델은 주변에 수도 없이 많습니다.

역할 모델이란 여러분이 행동과 태도를 배우고 모방하는 대상을 말합니다. 한편 멘토는 역할 모델이면서 더 많은 일을 해 주지요. 멘토는 여러분이 직접적으로 아는 사람(부모님, 이모나 고모, 삼촌, 조부모, 선생님, 스카우트 지도자, 개인 교사, 음악이나 운동 코치, 상담 선생님, 목사님이나 신부님 등)으로, 여러분이 알아야 할 것들을 배울 수 있게 의도적으로 도와주는 사람이에요. 그러므로 멘토는 역할 모델이지만 역할 모델이 모두 멘토는 아니라고 말할 수 있어요.

우리가 조사한 성공한 여성들 대부분이 좋은 멘토를 만나 많은 도움을 받았다.
이들은 학교 선생님, 가족, 선배, 역사 속 인물, 책이나 영화의 주인공 등,
다양한 사람을 멘토로 삼아 자신이 바라는 미래를 현실로 만들었다.

멘토는 무슨 일을 할까?

멘토(mentor)라는 말은 기원전 8세기경에 지어진 고대 그리스 서사시 「오디세이아」에서 나왔어요. 「오디세이아」를 보면 멘토라는 이름의 등장인물이 오디세우스 왕의 아들을 교육하고 성인으로 성장하도록 돕는 일을 맡습니다. 그와 같은 일을 하는 사람을 멘토라고 부르게 되었어요. 부모님, 선생님, 코치 선생님 등은 여러분의 멘토가 되는 것이 맡은 일 중 하나예요. 여러분이 성인으로 자라는 과정을 돕는 것이 그런 어른들의 일이니까요. 이런 멘토는 일부러 찾아다닐 필요가 없어요. 하지만 적극적으로 찾아다녀야 하는 멘토도 있지요.

멘토란 고민되는 일이 있을 때 이야기를 듣고 공감해 달라고 요청하고, 더불어 조언이나 도움을 구할 수 있는 사람이에요. 공부가 어렵다면 공부를 도와 달라고 할 수도 있고, 흥미로운 주제나 직업에 대한 정보를 알려 달라고 할 수도 있는 사람이지요. 멘토가 하는 일은 이게 전부냐고요? 물론 아니죠. 이건 아주 일부일 뿐이에요.

어떤 어른들은 비공식적인 멘토로서 어린 친구들을 돕습니다. 말하자면 '어른 친구'라고 할 수 있지요. 함께 숙제를 할 수도 있고, 새로운 활동을 해 볼 수도 있으며, 어른과 함께가 아니라면 갈 수 없는 장소들을 여행할 수도 있어요. 이런 멘토들은 여러분이 삶의 목표를 세우고 현명한 결정을 내리는 일을 돕습니다. 가족, 친구, 학교 등과 관련된 문제가 생기면 객관적인 입장에서 의견을 내놓기도 합니다.

그런가 하면 공식적인 멘토도 있어요. 어떤 분야에서 전문가인 어른이 그 분야를 배우려는 누군가와 지식을 공유하기로 약속하는 경우입니다. 식물을 사랑하는 사람은 원예 용품점에서 일하는 멘토를 구할 수 있지요. 의학에 관심 있는 사람은 병원, 의료센터, 보건소 등에서 일하는 멘토를 원할 거예요. 여러분은 어떤가요? 어떤 멘토를 원하고 멘토가 어떻게 해 주기를 바라나요?

멘토를 찾습니다

멘토는 여러분이 자신과 자신의 야망을 다른 방식으로 보게 도와주기도 합니다. 성공한 여성들은 대부분 멘토의 중요성을 강조했어요. 자신들의 삶에서 멘토가 없었다면 무슨 일을 하고 있을지 모르겠다고요. 신경외과 의사 알렉사 캐나디는 의대 시절, 두 명의 여성 신경외과 의사를 멘토로 만나서 정말 다행이라고 말합니다. 그들이 없었다면 남성 위주였던 신경외과에서 자리를 잡기가 어려웠을 거예요. 식물 생리학자 카멜리아 옥포두의 멘토는 성공을 위한 옷차림을 가르쳐 주었어요. "그분에게 외모의 중요성을 배웠어요. 신나게 일할 수 있도록 동기를 주셨고 항상 저를 믿어 주셨지요." 여러분도 여러분의 멘토를 찾고 싶은가요? 어떤 멘토를 만나고 싶은지 알기 위해서, 다음 질문을 스스로에게 던져 보세요.

- ♡ 나는 왜 멘토를 원할까?
- ♡ 멘토에게서 무엇을 얻고 싶을까?
- ♡ 내가 가장 편하게 어울릴 수 있는 어른은 어떤 유형일까?
- ♡ 멘토에게 기대하는 특별한 기술이나 관심사가 있나?

💙 멘토가 나한테서 최선을 끌어내게 하려면 나는 어떻게 협조해
　야 할까?
💙 답례로 나는 멘토를 어떻게 도울 수 있을까?

이제 좋은 멘토가 되어 줄 것 같은 사람의 목록을 만드세요. 멘토
가 될 만한 사람을 알려 줄 수 있는 사람도 포함하세요. 엄마, 아빠,
학교 선생님은 여러분한테 멘토가 될 만한 사람을 추천해 주거나,
도움이 되는 멘토링 프로그램 정보를 알려 줄 거예요.

일단 좋은 멘토가 될 만한 사람을 찾으면, 먼저 아빠나 엄마에게
알리세요. 그리고 부모님이 괜찮다고 하면 연락해 보세요. 연락할
방법은 다양합니다. 직접 찾아가거나 전화를 하거나 편지 또는 이
메일을 쓸 수도 있겠지요. 멘토가 되어 지도해 주는 일에 흥미가
있는지 솔직하게 물어보세요. 내가 바라는 사람이 멘토가 되어 준
다면 더없이 좋겠지요. 그러면 언제, 어디서, 얼마나 자주 만나 어
떤 것을 이야기하고 무엇을 함께할지 세세한 사항을 의논하세요.
바쁘거나 다른 이유가 있어 거절하면 감사하다고 말하고 돌아오
세요. 창피해하지도 말고 거절당했다고 고민하거나 속상해하지도
마세요. 세상에는 다른 훌륭한 멘토들이 많답니다.

멘토 관계는 두 사람이 원하는 만큼 오래도록 계속될 수 있어요.
하루, 일주일, 한 달, 일 년, 혹은 평생이라도 이어질 수 있지요. 하
루 동안 부모님이나 다른 어른의 직장을 찾아가서 무슨 일을 하는
지 살펴보는 것은 단기 멘토 관계예요. 학교를 마치고 매주 한 번
씩 직장에 방문하기로 했다면 장기 멘토 관계라고 볼 수 있어요.
멘토 관계가 두 사람에게 정말 좋은 영향을 주었다면, 둘은 평생
친구로 발전할 수도 있어요. 영화배우이자 가수, 텔레비전 쇼 진

행자인 플로렌스 헨더슨에게는 그런 멘토가 있답니다. 플로렌스는 한 선생님에게서 깊이 영향을 받았고, 지금도 멘토 관계를 유지하고 있어요.

멘토와 함께하는 시간을 최대한 활용하세요. 열심히 질문하고, 메모하고, 주의를 기울이세요. 멘토가 제공하는 시간과 지식에 대해 고마움을 표현하세요. 예의 바르게 대하고, 약속 시간을 어기지 말고, 내가 멘토를 도울 일은 없나 늘 살피세요.

medical doctor   ballerina   explorer

policeman   stewardess   astronaut

나의 멘토를 찾습니다

저는 동물을 무척 좋아합니다. 꼭 수의사가 되고 싶었어요. 그래서 부모님께 개나 고양이를 키우게 해 달라고 부탁했지요. "엄마, 강아지에 대해서는 뭐든 제가 다 책임질게요. 먹이 주고 예방 주사를 맞힐 돈도 내가 벌 거예요." 하지만 엄마의 대답은 단호했어요. "우리 아파트에서는 애완동물을 키울 수 없단다. 처음 아파트를 세낼 때부터 합의했던 사항이야." 내가 우긴다고 계약 조건이 달라지지는 않는다는 정도는 저도 알고 있었답니다.

그때 좋은 생각이 떠올랐습니다. 저는 도시 동물 보호소로 갔어요. 그곳 책임자에게 일주일에 한 번씩 와서 동물들을 돌봐 주고 함께 놀아도 되느냐고 물었습니다. 책임자인 월터 아주머니는 한번 해 보자고 말했어요. 이제 저는 매주 토요일에 동물 보호소에 가서 개와 고양이들과 놀아요. 요즘은 단순히 동물들과 노는 것에서 그치지 않습니다. 훨씬 많은 일을 하고 애완동물을 돌보는 일에 대해 많은 것을 배우지요. 저는 월터 아주머니에게 멘토가 되어 달라고 부탁했어요. 아주머니는 동물 돌보는 일을 가르쳐 주세요. 전 아주머니에게 배우는 것이 정말로 좋아요. 지금도 많은 애완동물을 기르고 있는 기분이에요. 언젠가는 제가 직접 동물보호소를 책임질 생각이랍니다.

- 아리엘

예전에는 장애가 있는 여자 아이들은 대개 걸스카우트가 될 수 없었어요. 하지만 어머니는 장애가 있는 소녀들로 걸스카우트 지역대를 조직해 이끌었어요. 그중에는 정신 지체가 있는 아이, 지체 장애가 있는 아이도 있었으며, 한 명은 눈이 보이지 않았어요. 어머니는 이런 아이들과 함께하는 것을 정말로 좋아했지요. 어머니는 뭔가 부족한 것을 보면, 그것을 채울 방법을 찾았지요. 나는 이런 모습을 지켜보며 자랐고 같은 방법을 내가 하는 일에도 늘 적용했어요. 좋은 역할 모델이었던 어머니 덕분에 나는 어린 나이부터 걸스카우트 활동에 적극적이었지요. 그리고 어른이 되어 학습 장애에 관심이 많은 특수 교육 선생님이 되었어요.

- 프랜시스 카네스, 특수 교육 교수

좋은 점만 쏙쏙!

좋은 역할 모델과 멘토를 만나는 것은 물론 중요해요. 하지만 역할 모델이나 멘토가 하는 모든 것을 따라 하면서 똑같은 사람이 되라는 뜻은 아니에요. 그분들을 지켜보고 그분들이 말하는 것 또는 사람들이 그분들에 대해 말하는 것을 들으면서, 무엇을 택하고 무엇을 버릴지 선택해야 하지요.

일레인 크라우트의 이야기를 들어 볼까요? 지금 일레인은 자신이 어렸을 때 가족이 세운 광산 회사에서 중역으로 일하고 있습니다. 아버지가 광산 회사를 열고 발전시키는 과정을 어머니와 이모가 처음부터 끝까지 도왔지요. 아버지는 대담한 아이디어를 가진 몽상가였지만 어머니는 현실적이었어요. 어머니는 아버지의 사업 아이디어가 좋다는 것을 확신하고 그것을 현실로 바꾸는 작업을 거들었어요. 그리고 거기에는 항상 할머니가 있었지요. 할머니는 키가 크고 강인하고 자부심이 강했던 분이었어요. "할머니가 계신 동안에는 할머니가 우리 가족을 책임지고 있다는 사실에 의심의 여지가 없었죠."

일레인은 식구들 중 누구와도 똑같이 닮지는 않았지만 식구들 각각에게서 중요한 것들을 배웠다고 믿어요. 일레인은 자신을 대담하고 독창적인 아이디어를 가진 강한 여성으로 생각해요. 하지만 아이디어를 활용할 현실적인 방법을 안다는 데 자부심을 느끼지요. 일레인은 아버지를 가장 중요한 역할 모델로 생각하지만 식구들 모두에게 영향을 받았어요.

우리는 역할 모델의 어떤 면에 감탄하고 닮으려고 노력합니다. 하지만 존경스러운 사람이라도 여러분이 닮고 싶지 않은 부분을 보여 줄 수 있어요. 누구나 운 나쁜 날이 있고, 불쾌한 버릇도 하나쯤 있게 마련이니까요. 보통 때는 침착해서 존경스러운 아버지가 가끔은 매우 긴장한 모습을 보여 줄지도 몰라요. 세상에 둘도 없이 성격 좋은 언니가 자기 친구들만 오면 돌변할 수도 있고요. 어찌나 으스대며 언니 행세를 하려 드는지 그때는 근처에 가지 않는 편이 나을지도 모르죠. 이렇게 부족한 부분이 있어도 여러분은 여전히 뭔가를 배울 수 있어요. 사람들에게서 각각 가장 좋은 점을 골라 배우는 것이죠.

역할 모델과 멘토는 여러분의 삶에 큰 영향을 미칠 수 있어요. 그렇기 때문에 그들의 행동을 통해 무엇을 배우고 있는지 확실히 알고 있는 것이 좋아요. 여러분에게 문제가 되거나 중요한 일을 다른 사람들이 어떻게 처리하는지를 유심히 관찰하고 진지하게 연구하는 것도 역할 모델과 멘토를 활용하는 좋은 방법이지요.

예를 들어 성격이 급해서 고민이라면 다른 사람이 분노에 대처하

아버지의 정치 운동을 돕던 무렵, 법원에는 항상 나를 친절하게 대해 주는 여자분이 계셨어요. 언젠가 저런 사람이 되고 싶다는 생각을 하게 만드는 그런 분이었죠. 그런가 하면 매일 학교 갈 때 타는 버스에는 항상 아이들한테 화를 내는 어머니가 있었어요. 커서 저런 사람이 되지 않겠다고 생각했지요. 여동생과 사촌들은 매사에 부정적이었어요. 그래서 그들처럼 되지 말아야겠다고 생각했어요. 나한테 가장 큰 영향을 미친 영웅은 뭐니 뭐니 해도 케네디 대통령이었습니다. 내 사무실에는 지금도 케네디 대통령 사진이 걸려 있어요. 그는 세상에 긍정적인 변화를 불러오겠다는 나의 이상주의와 소망의 역할 모델이었어요.

– 에드나 콘웨이, 판사

는 방법을 유심히 살펴보세요. 웃어넘기는 사람이 있는가 하면, 화를 억누르는 사람이 있고, 맹렬하게 내뿜는 사람도 있겠지요. 화나게 한 사람에게 가서 자신을 괴롭히는 게 무엇인지 솔직하게 말하는 사람도 있을 거예요. 어떤 대응이 가장 효과적일 거라고 생각하나요? 이유는요? 일단 답을 얻으면 여러분이 다음에 비슷한 갈등을 만났을 때, 관찰을 통해 배운 지혜를 활용할 수 있겠지요.

역할 모델을 통해 아직까지 경험해 보지 않은 상황에 대처하는 방법을 미리 배울 수도 있어요. 텔레비전에서 시상식을 보게 되면 수상자들의 수상 소감을 귀 기울여 들어 보세요. 많은 수상자들이 자신을 도와준 사람들의 이름을 말하며 감사의 말을 전할 거예요. 카메라가 관객석에 있는 탈락한 후보자들을 비추면 그들의 표정을 유심히 살피세요. 상을 받지 못했지만 얼굴에 미소를 머금고 수상자에게 갈채를 보내고 있을 거예요. 카메라에 잡힌 후보자가 부루퉁해 있다면 어떨까요? 시상식이 끝난 뒤 기자에게 억울함을 호소하면서 불쾌한 말을 한다면 어떨까요? 수상자가 "다 제가 잘해서 상을 받은 거죠"라면서 자기중심적인 수상 소감을 밝힌다면요? 여러분은 어떤 승자 혹은 패자가 되고 싶은가요?

역할 모델과 멘토에게서 배울 수 있는 교훈이 항상 분명한 건 아니에요. 영화나 텔레비전 쇼의 주인공들은 어떻게 행동하는 것이 옳다고 딱 잘라 말해 주지는 않아요. 토크쇼 진행자가 출연자들이 속내를 털어놓게 만드는 질문들을 어떻게 생각해 내는지 직접 설명해 주지는 않지요. 대신 그 사람들을 보면서 스스로 깨달아야 해요. 사람들이 보여 주는 모든 것에서 정보를 얻을 수 있어요. 옷차림, 머리 모양, 식사 예절, 사람을 대하는 방식까지 그야말로 모든 것에 정보가 숨어 있죠. 어떤 면을 닮고 어떤 면을 닮지 말아야 할지는 스스로 결정해야 할 문제예요. 이런 결정이 쌓이고 쌓여, 여러분이 되고 싶은 사람이 될 수 있도록 도와줄 거예요.

텔레비전 속 역할 모델

영화, 잡지, 텔레비전에 나오는 인물들이 여러분에게 얼마나 강한 영향을 미치는지 아세요? 전문가들이 조사한 바에 따르면 영향력이 얼마나 막강한지 믿기 어려울 정도예요. 하루에 텔레비전을 한 시간 이상 시청한 아이는 그렇지 않은 아이에 비해서 폭력성이 높다고 해요. 또한 17세 미만 관람불가 영화를 본 아이들은 흡연자가 될 확률이 높다고 합니다. 그런 영화에는 담배를 든 사람이 상대적으로 많이 나오거든요.

텔레비전, 영화, 잡지는 세상에서 가장 행복하고 건강하고 인기 있는 여자는 마르고 예쁜 여자라고 수없이 자주 말하고 있어요. 물론 여러분 중에는 이것이 사실이 아니라는 걸 이미 깨달은 친구들도 있겠지요. 모델, 가수, 배우처럼 된다고 해서 행복해지는 것은 아니에요. 하지만 그런 스타를 닮으려고 필사적으로 노력하다 거식증에 걸리는 여자 아이들도 있어요. 사실 텔레비전이나 잡지에서 그리는 삶은 활기찬 삶과는 매우 다르답니다.

다행히 텔레비전, 영화, 잡지에서 긍정적인 역할 모델도 찾을 수 있어요. 텔레비전 뉴스 진행자인 제인 폴리는 10대였을 때 〈메리 타일러 무어 쇼〉를 보고 꿈을 키웠어요. 〈메리 타일러 무어 쇼〉는 텔레비전 뉴스 프로그램을 제작하는 여성 PD가 주인공인 시트콤이었지요. 반면 재니스 허프는 텔레비전에서 흑인 여성 기상 캐스터를 찾았지만 결국 찾지 못했습니다. 그래서 자기가 어른이 되어 그 빈 자리를 채우겠다고 결심했지요.

책은 긍정적인 역할 모델을 찾을 수 있는 또 다른 공간이에요. 특히 실제 살았던 인물의 삶을 다룬 전기는 역할 모델을 찾기에 더없이 좋은 자료이지요. 아프리카계 미국인으로 식물 생리학자인 카멜리아 옥포두는 부커 T. 워싱턴의 자서전『노예에서 일어서다』를 읽고 용기를 얻었어요. 특히 학교에서 차별을 받는다고 느낄 때 이 책이 힘이 되어 주었지요. "워싱턴의 자서전을 읽고 이런 생각을 했어요. 워싱턴은 글자를 배우는 데도 엄청난 용기를 내야 했고, 공부를 하려고 엄청나게 먼 길을 걸어가야 했어. 내 현실은 어떻지? 모든 사람도 아니고, 그저 몇몇 사람이 내가 여기서 공부하는 것을 고깝게 여길 뿐이잖아. 이 정도 일에 내가 주저앉아 불평만 하고 있으면 되겠어?"

열네 살에 사고로 왼손을 잃은 주의원 메리 프리바이트는 소아마비를 앓았던 프랭클린 루즈벨트 대통령에 관한 책을 읽고 특히 감명을 받았어요. 한때 루즈벨트는 휠체어에서 몸을 일으킬 힘조차 없었답니다.

위인뿐 아니라 소설에 등장하는 주인공도 긍정적인 영향을 줄 수 있어요. 작가 재클린 미처드는 루이저 메이 올컷의 소설『작은 아씨들』에 나오는 '소녀 작가' 조를 보고 커서 작가가 되겠다고 결심했답니다. 여성 최초로 체로키 부족국가 최고 추장이 된 윌마 P. 맨킬러를 포함한 많은 성공한 여성들이 소녀 탐정 낸시 드루가 등장하는 추리 소설의 팬이었어요.

텔레비전, 따지며 보기

미디어에서 홍수처럼 쏟아지는 메시지를 못 본 체하기는 어려운 일이에요. 하지만 이런 메시지를 비판적으로 바라보는 시각을 기르는 일은 그리 어렵지 않아요. 텔레비전, 잡지, 영화 등을 볼 때 다음과 같은 것들을 생각하세요.

자신의 가치관. 텔레비전이나 영화에 나온 사람들이 하는 행동에 대해 생각해 보세요. 스타들이 입은 옷이나 부르는 노래 때문이 아니라 인간 자체로서 그들에게 감명을 받아야 하지 않을까요? 실생활에서 봉사 활동과 기부에 적극적으로 참여하는 등, 바람직한 삶을 사는 스타는 누구인가요? 말하자면 여러분과 일치하는 가치관을 가진 스타는 누구인가요?

건강. 인기 있는 모델과 가수의 모습이 근사해 보일지 모르지만 지나치게 마른 것은 즉석 식품만 먹는 것만큼이나 건강에 치명적이에요. 건강해지기 위해서는 몸에 좋은 음식을 골라서 먹고 충분히 운동을 하는 것 말고 방법이 없어요. 그러니 텔레비전을 보면서 너무 많은 시간을 보내지 마세요. 다른 사람들이 하는 일을 멍하니 보고 있지 말고, 재미있는 일이 가득한 바깥으로 나가 여러분이 직접 움직이세요.

현실과의 차이. 현실에서는 드라마나 영화에서처럼 일이 진행되지 않아요. 현실에서는 남녀가 사랑에 빠져도 배경 음악이 연주되는 일 따위는 없지요. 타이밍이 척척 맞아 떨어지지도 않고, 30분 안에 문제가 해결되지도 않아요. 그러니까 텔레비전이나 영화를 통해 친구를 사귀는 법, 예절, 훌륭한 처세법 등을 배워야 한다고 생각하지 마세요. 프로그램 제작자들은 사람들의 참모습을 보여 주기보다는 시청자의 관심을 붙잡아 두는 데 훨씬 관심이 많답니다.

미래의 내 모습 그리기

역할 모델이 나에게 어떻게 영향을 미치는지 자세히 살펴보고 싶은가요? 그럼 다음과 같이 해 보세요.

1. 여러분에게 중요한 사람들의 목록을 만듭니다. 가족부터 시작해서 학교나 모임에서 만나는 사람, 마지막으로 책이나 영화, 텔레비전에서 찾은 역할 모델까지 적어 보세요.

2. 이름 옆에 그 사람에게서 닮고 싶은 특징을 쓰세요. 직업, 옷, 남을 대하는 태도, 성격 등이 포함될 수 있겠지요.

3. 앞에서 적은 특징들을 많이 지닌 어른으로 자란 여러분의 모습을 상상해 보세요. 어떤 일을 하고 있을까요? 역할 모델에게서 배운 특징들이 어떻게 영향을 미쳤을까요? 상상한 모습을 써 보세요. 그림으로 그려도 좋아요(198쪽에 있는 알리사의 글을 참고하세요).

부모님이나 선생님, 친구 또는 다른 여러분이 신뢰하는 사람에게 보여 주는 것도 좋습니다. 선생님이 칭찬해 주실지도 몰라요. 나이가 든 다음에도 볼 수 있게 잘 보관해 두세요. 지금 희망대로 자랐는지, 도중에 꿈이 바뀌었는지를 비교해 보는 것도 흥미로울 거예요.

어머니는 이혼한 뒤 혼자서 우리를 키웠습니다. 저는 아버지에 대한 기억이 전혀 없습니다. 대신 아래층에 살았던 두 삼촌에게 충분한 보살핌을 받으며 자랐지요. 삼촌은 둘 다 대학을 졸업했는데 우리 동네에선 아주 드문 일이었습니다. 화학자였던 삼촌은 직원 대부분이 여자인 실험실에서 일을 했습니다. 이 또한 당시에는 아주 희귀한 일이었지요. 실험실 사람들은 항상 저에게 친절했습니다. 내 질문에 시간을 내어 답을 해 주었고, 실험실 일에 대해서도 설명해 주었어요. 다른 삼촌은 변호사로 여자 은행장 밑에서 일하고 있었습니다. 나는 여자 과학자와 은행장이 아주 드물다는 사실조차 느끼지 못했습니다.

- 엘리자베스 다보르브스키, 화학 교사

알리사의 역할 모델

역할 모델	존경하는 점
어머니	강하다, 현명하다, 명랑하다, 침착하다
아버지	모험심이 강하다, 온화하다, 재미있다, 열심히 일한다
자넷 이모 (사진가)	일과 가정을 동시에 챙긴다, 남들이 흥분했을 때도 침착하다
딜라헌트 선생님 (4학년 선생님)	유쾌하다, 활력이 넘친다, 특이한 것들을 죄다 안다
카포브 선생님 (체조 코치)	자제심이 강하다, 목표가 분명하다, 운동을 잘한다
스톤 선생님 (걸스카우트 지도자)	창조적이다, 리더십이 강하다, 체계적이다, 마술을 쓰는 것처럼 여러 가지 일을 한꺼번에 처리한다
꼬마 스파이 해리엇 (책 속 주인공)	똑똑하다, 독립적이다, 모험심이 강하다, 글을 잘 쓴다
케이티 쿠릭/ 앤 커리 (뉴스 진행자)	멋진 직업을 가졌다, 여행을 많이 한다
비너스 윌리엄스/ 세레나 윌리엄스 (테니스 선수)	사이좋은 자매다, 항상 최선을 다한다, 정정당당한 플레이를 한다, 실력도 대단하다

알리사가 꿈꾸는 미래

자넷 이모처럼 가정을 가지고 일도 하는 그런 사람이 되고 싶다. 여행을 많이 하는 모험적인 직업을 가졌으면 좋겠다. 어쩌면 이모처럼 사진가가 될 수도 있고, 케이티 쿠릭이나 앤 커리처럼 텔레비전 리포터가 될 수도 있겠지. 세계의 놀라운 곳들을 둘러보고 신나는 모험을 하는 직업이니까. 아침에 너무 일찍 일어나야 한다는 점이 흠이긴 하지만. 무엇을 할지 결정한 다음에는 체조 코치 카포브 선생님에게서 배운 자제력이 도움이 될 것이다. 선생님은 정말 열심히 꾸준하게 노력하면 훨씬 잘하게 된다는 것을 깨우쳐 주셨다. 무슨 일을 하든 딜라헌트 선생님처럼 재미나고 우스운 정보들을 계속 수집하고 싶다. 선생님은 늘 잘 웃으시고, 내가 생각도 못한 세계에 대한 재미난 이야기들을 들려주신다.

역할 모델과 멘토를
최대한 활용하는 비결

🍦 자신이 원하는 '아이캔걸'의 모습을 보여 주는 역할 모델을 찾아
요. 닮고 싶은 자질을 파악하고 집중적으로 배우세요.

🍦 사람들의 행동과 태도를 관찰할 때 자신에게 이렇게 물어보세요.
"이런 행동과 태도를 통해 이 사람에 대해 무엇을 알 수 있지?"

🍦 여러분에게 문제가 되거나 중요한 일을 다른 사람들이 어떻게 처
리하는지 유심히 관찰하고 연구하세요. 사람들의 처리 방식에서
좋은 점과 나쁜 점을 구별해 보세요.

🍦 텔레비전, 영화, 책, 잡지 등에서 보고 듣는 내용을 그대로 믿지 말
고 의문을 가지세요. 믿을 수 있는 내용과 상업적인 목적으로 꾸며
진 내용을 구분하세요. 상업적인 목적의 메시지는 가능한 한 무시
하세요.

🍦 삶을 풍요롭게 해 줄 멘토를 찾으세요. 공식 멘토링 프로그램을 통
해 찾을 수도 있고, 개인적으로 찾을 수도 있어요.

🍦 사람들은 항상 여러분의 행동을 통해 여러분을 알게 된다는 사실
을 명심하세요. 그러니 남들이 존경할 만한 선택을 하려고 노력하
세요.

chapter 9

모든 것은 가족으로부터

잠시 여러분 가족을 다른 가족과 비교해 보세요. 다들 얼마나 제각각인지 놀랍지 않으세요? 세상의 수많은 가족들이 다른 장소에서 다른 방식으로 하루하루를 살고 있습니다. 식구가 많은 집도 있고 적은 집도 있고, 함께 모여서 하는 일도 다르지요. 심지어 식구들 사이의 관계도 다양합니다. 하원의원 바버라 커빈은 어머니, 친남매 세 명, 새아버지, 새아버지의 세 아이와 함께 자랐어요. 엘리자베스 다보르브스키는 어머니가 이혼한 후, 아버지 대신 외삼촌들의 도움을 받으며 자랐지요. 재니스 허프는 어머니, 할머니, 할아버지와 함께 살았어요. 타마라 미닉 쇼칼로는 부모님과 세 언니 밑에서 막내로 자랐지요.

이처럼 가족의 형태는 다양하지만, 성공한 여성들은 모두 가정에서 큰 사랑과 존중을 받고, 많은 것을 배우며 자랐다고 말합니다.

우리가 조사한 성공한 여성들 중 많은 사람은
식구들에게 사랑과 격려를 받고, 바람직한 가치들을 배우며 성장했다.
식구들에게서 배운 바람직한 생활 습관과 긍정적인 가치관은
이들이 성공하는 데 튼튼한 밑바탕이 되었다.

집에서 배우는 교훈

우리는 누구나 끊임없이 식구들에게 배우고, 식구들도 우리에게서 배웁니다. 놀이를 하거나 함께 책을 읽거나 잡담을 할 때, 취미 생활을 함께할 때, 나란히 일을 할 때……. 무엇이든 함께하면서 식구들은 서로의 능력과 가치관, 태도를 공유합니다. 부모님이나 언니 오빠가 무언가를 직접 가르쳐 줄 때도 있어요. 아버지가 슈퍼마켓에서 물건들의 가격을 비교하는 법을 가르쳐 주거나, 어머니가 자전거 타는 법을 가르쳐 줄 수도 있지요. 하지만 식구들이 일하는 모습, 남을 대하는 모습 등을 보면서 간접적으로 배우게 되는 것도 많아요. 내가 아플 때 나를 돌봐 주는 아버지를 보며 우리는 남을 돌보는 법을 배웁니다. 아이들에게 집안일을 도와야 한다고 말하는 어머니의 목소리를 들으며 어머니를 닮아가지요.

아래 나열된 단어들을 보세요. 성공한 여성들이 가족에게서 배웠다고 말한 가치관과 태도들을 나열한 것입니다. 그들은 집에서 생활에 필요한 각종 기술만 배운 것이 아니라 이런 소중한 가치들을 배웠다고 말했어요.

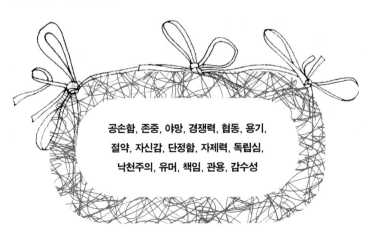

공손함, 존중, 야망, 경쟁력, 협동, 용기,
절약, 자신감, 단정함, 자제력, 독립심,
낙천주의, 유머, 책임, 관용, 감수성

위에 나열된 가치와 태도 중에 여러분 가정에서도 중요하게 생각하는 것이 있나요? 어떤 것들인가요? 식구들 중에 누가 이런 것들을 주로 가르쳐 주나요? 신발끈 매기, 침대 정리하기, 설거지, 전화 받기 등 생활에 필요한 기술들은 누가 가르쳐 주나요? 그리고 여러분은 식구들에게 보답으로 무엇을 가르쳐 주나요?

이런 부분에 대해 좀 더 상세히 생각해 보고 '가족 배움표'를 만들어 보세요.

> 어머니는 정말 훌륭한 분이셨어요. 어머니 밑에서 나는 원하면 어떤 사람이든 될 수 있다고 믿는 그런 아이로 자랐습니다. 어머니가 어떻게 나에게 그런 믿음을 심어 주었는지 신기할 따름이에요.
> **- 케이디 콜먼, 미국 항공 우주국 우주인**

> 아버지는 나한테 체스를 가르쳤어요. 아버지는 내가 아이라고 일부러 져 주지 않았죠. 오히려 지고 있다고 해서 짜증을 내거나 토라져서 가 버리는 행동은 용납할 수 없다고 하셨어요. 아버지는 실수로부터 배워야 한다는 사실을 늘 강조했어요. 실수에서 아무것도 배우지 못하면, 실수는 그저 실수로 끝나 버릴 뿐이라고 말했어요. 나는 아버지에게서 거리를 두고 넓은 관점에서 보는 법도 배웠어요. "이 정도면 잘 하고 있어. 그러니 백기를 들면 안 돼. 나는 해낼 거야. 나아지고 있잖아. 모든 일에서 최고가 되지 않아도 괜찮아" 하고 스스로를 다독이는 법도 아버지에게서 배웠지요.
> **- 타마라 미닉 쇼칼로, P&G 마케팅 책임자**

> 어머니는 유명 오케스트라에서 연주하지는 못했지만 훌륭한 바이올린 연주자였고, 지금은 훌륭한 선생님입니다. 어린 시절 상당히 오랫동안 어머니가 혼자서 나를 키웠습니다. 그래서 일찍부터 여자도 스스로 생계를 책임지며 일어설 수 있다고 믿었습니다.
> **- 루이스 베렌스*, 오케스트라 연주자**

샨텔의 가족 배움표

가족	배웠거나 배울 것
엄마	상냥한 태도, 창조적 글쓰기, 상상력
아빠	사업, 요리, 농구
할아버지	스페인어, 요리
할머니	뜨개질, 고양이 요람 만들기
나나 언니	낚시, 물 위로 돌 던지기
앨리슨 이모	골동품, 미술
에릭 삼촌	농담, 리더십, 목공예
앨런 삼촌	요가, 토마토 키우기
사촌 댄	수상스키, 끝말 잇기, 물건 고치기
사촌 다비다	수학, 유머 감각, 쾌활함, 체조 기술
사촌 벤	점자, 옆으로 재주넘기
사촌 애비(두 살)	아기 돌보기, 상냥함, 적은 단어로 의사 표현하기

가족	가르쳤거나 가르칠 것
엄마	매듭 묶기, 인터넷 활용
아빠	단정함, 새로 배운 무용 스텝, 다른 관점
할아버지	컴퓨터 게임, 글씨 쓰기
할머니	홀치기 염색, 이메일, 풍선껌으로 풍선 불기
나나 언니	젓가락 사용법, 요요 기술
앨리슨 이모	뚜렷이 떠오르는 것 없음
에릭 삼촌	체스, 카드놀이, 침착해지기
앨런 삼촌	마술, 인라인스케이트
사촌 댄	양보심, 인내심, 줄넘기 놀이
사촌 다비다	무용 스텝, 뜨개질, 좋아하는 게임
사촌 벤	농담, 고양이 요람 만들기
사촌 애비(두 살)	색깔, 숫자, 글자, 새로운 단어, 나눔

1. 207쪽에 나온 표를 복사하세요. 왼쪽 칸에 식구들의 이름을 쓰세요. 함께 사는 가족으로 한정하지 마세요. 이모, 삼촌, 사촌, 할머니, 할아버지, 기타 여러분한테 중요한 사람들은 모두 적으세요.

2. 배웠거나 배울 것. 각 가족에게서 이미 배웠거나 배울 수 있는 기술, 가치관, 태도 등을 쓰세요(샨텔의 표를 보고 아이디어를 얻으세요).

3. 가르쳤거나 가르칠 것. 여러분이 식구들에게 이미 가르쳤거나 앞으로 가르치고 싶은 것들을 적어 보세요. 진지하게 생각해 보면 의외로 가르칠 것이 많답니다. 수학 문제 풀기, 키보드 치는 법, 지휘하는 법, 인라인스케이트 타기, 귀 움직이기 등 다양한 지식이나 재주도 가능해요. 정리를 잘하거나, 편견이 없거나, 공손하거나, 인내심이 많다면, 그런 좋은 태도도 식구들에게 가르칠 거리가 된답니다. 앞에서 만든 각자의 강점 표를 다시 보는 것도 도움이 될 거예요. 여러분이 가족들에게 가르칠 만한 것을 더 찾아낼 수 있답니다.

표가 완성되면 여러분과 가족이 얼마나 많은 것을 알고 있는지 한번 보세요. 표에 나온 정보를 시나 소설, 수필의 기초 자료로 쓸 수도 있지요. 예를 들면 가족 중 누군가에게 배운 것을 주제로 글을 쓰는 거예요. 쓴 글을 복사해서 생일날 선물로 줄 수도 있어요. 부모님에 대해 썼다면 어버이날에 선물해도 좋을 거고요. 그 사람이 여러분한테 얼마나 큰 의미가 있는 사람인지 보여 주는 아주 좋은 방법이에요.

나의 가족 배움표

가족   배웠거나 배울 것

가족   가르쳤거나 가르칠 것

어머니는 장애물을 만나면 넘어가거나 끝까지 돌파하라고 용기를 북돋워 주었어요. 지금도 저는 어머니에게 조언을 구합니다.
- 자넷 아이브즈 에릭슨, 매사추세츠 종합병원 간호국 국장

나는 열한 명의 형제자매들 중에 중간에 낀 아이였어요. 체로키 부족 국가에 사는 다른 집과 비교를 했을 때도 우리 집은 매우 가난했지요. 우리 집에는 텔레비전도, 실내 화장실도 없었고, 체로키 부족국가 외부 세계와의 교류도 좀체 없었어요. 하지만 우리는 가족 안에서 할 수 있는 일은 모두 했어요. 부모님은 저한테 엄청난 영향을 미쳤습니다. 우리 집은 공동체 사람들이 모이는 회합 장소였지요.
- 윌마 P. 맨킬러, 체로키 부족국가 최고 추장

아빠는 늘 저에게 자극을 주셨어요. 아빠는 목수이자 이야기꾼이셨고, 온갖 등장인물을 만들어 내셨고, 생각도 아주 독창적이셨죠. 또한 나의 첫 미술 선생님이셨어요. 아버지와 나는 부엌 탁자에 앉아서 그림을 그리거나 낙서를 했지요. 이런 아버지의 영향으로 나는 어린이 책의 일러스트레이터로 성장하게 되었습니다. 이야기와 공상을 즐겼으니까요.
- 메리 그랑프레, 「해리 포터」 시리즈의 일러스트레이터

남동생이 셋이나 있다 보니 아이들을 돌보고 지도하는 경험을 많이 할 수 있었어요. 그때의 경험이 랍비가 된 저에게 도움이 되었지요. 저는 랍비로서 어렸을 때 동생들을 중재했던 것처럼 사람들 사이를 중재하는 일을 자주 합니다.
- 미리엄 카헤인*, 랍비

아버지는 종종 이렇게 말씀하셨죠. "금전적으로 풍족하지 않아도 훌륭한 인격과 평판을 가질 수는 있단다. 돈이나 물건은 빼앗길 수 있지만, 인격과 평판은 아무도 빼앗아갈 수 없지. 네가 자발적으로 줄 수는 있지만." 그러면 우리 형제들은 지겹다는 표정으로 "아! 또 시작하셨네요!" 하고 대꾸하곤 했지요. 하지만 우리 형제들은 아버지의 중요한 가르침을 경청하고 배웠습니다.
- 플로렌스 헨더슨, 영화배우 겸 가수, 텔레비전 쇼 진행자

가족에게 가르치고 배우는 비결

이제 여러분이 얼마나 많은 지식을 가졌는지 알았으니 가까운 사람들과 나눠 보는 게 어떨까요? 초등학교 교사인 낸시 콜리어*와 환경 공학자 테레사 컬버는 어린 나이에 가르침의 기쁨을 알았어요. 낸시는 남동생의 숙제를 도와주면서 자기가 교사라는 직업에 흥미와 소질이 있다는 걸 알았답니다. 테레사는 반대로 오빠한테 지식을 나눠 주었죠. 오빠가 친구들에게 "똑똑한 내 동생"이라고 소개할 때마다 우쭐해지는 기분이었지요.

"나는 오빠한테 철자법을 가르쳐 주었어요. 오빠는 동생한테 배우는 것을 전혀 싫어하지 않았죠. 나는 가르치고 오빠는 배우면서 함께 많은 시간을 보냈어요. 둘 모두에게 즐거운 시간이었지요. 오빠는 여동생이 똑똑한 것을 아주 자랑스러워했어요."

사촌 동생에게 양보하는 태도를 가르쳐 주거나, 여동생에게 인내심을 가르치고 싶은가요? 그렇다면 가장 좋은 방법은 솔선수범하는 거예요. 직접 본보기가 되는 것이죠. 마술, 체스, 피리 불기 등 새로운 기술을 가르치고 싶다면 방법이 조금 달라져요. 여러분이 정말 선생님처럼 가르쳐 주어야겠죠. 우선은 배울 사람이 흥미가 있는지 확인하세요. "멋지다! 네가 혼자 배운 카드 마술 말이야." "나도 언니처럼 스케이트를 탈 수 있으면 얼마나 좋을까?" 이런 말을 들으면 마술이나 스케이트를 배우고 싶으냐고 물어보세요. 그런 다음 둘이 만날 수 있는 시간을 정하세요. 수업을 시작하기 전에 가르치고 배우는 데 도움이 될 만한 것들을 생각해 보세요. 테레사 컬버는 형제들의 격려에서 힘을 얻곤 했답니다. 누군가를 가르치고 이끌 때는 상냥한 태도, 인내심, 유머 감각이 도움이 됩니다.

단계를 나누어 순서대로 보여 주어야 하는 기술도 있지요. 케이크 만드는 법을 가르치고 싶다면 가장 먼저 필요한 재료를 모아야 해요. 계량컵, 계량스푼, 양푼, 냄비 등도 잊지 말고요. 계량을 하고 요리를 시작하려면 아직도 멀었지요. 이렇게 하나하나 하다 보면 간단한 일에도 얼마나 복잡한 단계가 있는지 저절로 깨닫게 된답니다.

경험만큼 좋은 선생님은 없어요. 누구든 직접 해 봤을 때 가장 잘 배우지요. 해 보는 과정에서 실수를 하더라도 배우는 데는 경험만한 것이 없답니다. 남동생이 처음 만든 케이크는 검게 탔을지도 몰라요. 처음 스케이트를 배우는 사촌은 온몸에 생채기가 생기고 멍이 들겠지요. 옷 입기를 배우는 여동생은 셔츠를 뒤집어 입거나 단추를 잘못 끼울 수도 있어요. 조카가 난생처음 혼자 땋은 머리는 온통 뒤틀리고 울퉁불퉁해서 보기 민망할 수도 있지요. 이런 실수를 했을 때 배우는 사람과 함께 웃는 것은 괜찮지만, 비웃으면 안돼요. 시간이 흐르고 노력에 노력을 거듭하면 초보자였던 여러분의 학생들도 전문가가 될 거예요.

여러분이 새로운 것을 배우는 입장이라면 어떨까요? 과정은 가르칠 때와 크게 다르지 않을 거예요. 다만 가르치는 사람이 인내심이 없거나 시작부터 기를 죽이면 그건 문제지요. 그런 선생님을 모시고 배우다가는 자신감을 잃기 쉽거든요. 그럴 때는 무조건 참고만 있지는 마세요. 상대방의 가르치는 방법이 여러분과 잘 맞지 않을 수도 있으니까요. 이제 그만 배우겠다고 말하고 고맙다고 인사한 다음, 지금 방법은 아무래도 효과가 없을 것 같다고 이유를 설명하세요. 몰라서는 안 되는 기술이나 학교 과목처럼 반드시 배워야 하는 것이라면 다른 방법을 찾아봐야겠지요. 다른 선생님을 찾아 달라고 부탁하거나 달리 배울 방법을 궁리해 보세요.

새로운 기술을 능수능란하게 익혔을 때, 여러분이 가르친 기술을 친구나 동생이 훌륭하게 해내는 것을 보았을 때, 그때 느끼는 기쁨은 겪어 보지 않고는 모르지요. 정말 신나는 일이랍니다. 그런 기분을 맛보고 나면, 다른 사람을 붙잡고 무언가를 서로 가르치고 배워 보자고 조를지도 몰라요.

가까울수록 존중하기

텔레비전에 나오는 아이들이 무례한 행동을 하는 것을 보며 비웃은 적이 있나요? 시트콤 같은 데서 아이가 문까지 벽지를 바른 엄마를 비웃거나, 지하실에 스스로 갇힌 남자를 비웃는 모습을 봤을 거예요. 아이가 어른보다 한 수 위여서 어른을 가지고 노는 프로그램도 심심찮게 있지요. 가족이나 친구와 함께 웃고 농담을 주고받는 것은 즐거운 일이에요. 하지만 우리가 텔레비전 속 등장인물을 비웃듯이, 혹은 텔레비전 속 인물들이 서로를 비웃듯이, 누군가를 일방적으로 비웃는 것은 옳지 않아요. 비웃음 당하는 것을 좋아하는 사람은 없으니까요.

식구들 또는 다른 사람들에게 어떻게 존경의 마음을 표시하나요? 이야기를 귀 기울여 듣고 진심으로 받아들이는 것, 식구들이 하는 일을 조롱하지 않는 것도 존경을 표시하는 방법 중 하나예요. 상대방과 완전히 의견이 다르더라도, 화내지 않고 침착하게 자기 의견을 말하는 것도 존경을 표시하는 방법일 수 있어요. 상대가 누구든 화가 난다고 소리를 지르기보다는 자제하는 성숙한 모습을 보여 줄 때 상대는 여러분을 더욱 존경하게 됩니다. 여러분이 상대방을 존중할 때, 상대방도 여러분의 관점을 더욱 신중하게 생각하고, 여러분을 존중한다는 것을 알아 두세요.

식구들 사이의 다툼이나 의견 차이는 당연히 일어날 수 있어요. 가끔은 서로 신경을 건드리는 일을 저지르기도 하지요. 의도하지 않았던 말실수를 할 때도 있고, 상황이 안 좋을 때 서로를 탓하기도 해요. 상 차리기, 설거지 같은 집안일을 누가 할 차례인가를 놓고 다툼이 벌이지기도 하죠.

누구나 기분이 언짢을 때가 있어요. 여러분이 다른 사람의 성격을 바꿀 수는 없지요. 하지만 내가 다른 사람을 대하는 방식, 의견 차이에 대처하는 방식은 바꿀 수 있어요. 사려 깊은 태도는 갈등을 해결하는 데 더없이 도움이 되지요. 가끔은 갈등이 시작되기도 전에 효력을 발휘한답니다. 예를 들어 음악을 작은 소리로 연주하면, 아무도 소리를 낮춰 달라고 하지 않을 거예요. 갈등 자체가 일어나지 않는 것이죠. 이번에는 언니가 보고 싶다는 텔레비전 프로그램을 보고, 다음에는 여러분이 보고 싶은 걸 보자고 제안하세요. 동생이 친구들을 만나러 간다면 아끼던 스웨터를 빌려 주세요. 가는 것이 있으면 오는 것도 있다고, 동생도 답례로 훨씬 잘 해 줄 거예요.

홍보 이사인 메이벌 배리*는 어린 시절, 부모님이 정한 통행금지 시간을 어길 때마다 외출 금지를 당했어요. 하지만 마침내 메이벌이 규칙을 존중하고 지키게 되자, 부모님은 메이벌에게 더 많은 자유를 주었어요. 현명한 결정을 내릴 수 있는 메이벌의 능력을 존중한 것이지요.

나는 정직과 근면을 소중히 여기는 단란한 가정에서 자랐어요. 늘 절약하라는 가르침을 받았지요. 덕분에 나는 돈을 항상 신중하게 다뤘어요. 학교 공부를 잘하고 대학에 들어가는 것도 부모님이 우리에게 기대하는 바였지요. 부모님은 지역 사회에서 하는 봉사 활동을 중요하게 생각했고, 이런 부모님의 태도는 나에게도 영향을 미쳤습니다. 이제 나는 이런 소중한 가르침이 부디 우리 아이들에게도 전해지기를 바랍니다.

– 잔 도먼, 주부 겸 지역 사회 지도자

어머니는 지역 신문에 칼럼을 게재하는 한편 법원 서기로 일했어요. 어머니는 우리한테 단어를 하루에 하나씩 가르쳐 주곤 했지요. 아버지는 나를 야외 활동에 끌어들였고 그렇게 아버지한테 배운 것들이 나에게는 무척 소중했습니다. 우리 가족은 저녁이면 식탁에 둘러앉아 뉴스, 정치, 세상에 대해 이야기했어요. 세계 지도자들이 어떻게 변화를 이끌어 내고 세상에 영향을 미치는가도 이야기했지요.

– 캐슬린 던, 라디오 진행자

할머니는 초등학교 5학년까지밖에 다니지 못하셨지만, 내가 네 살 때 성경책을 가지고 읽기와 쓰기를 가르쳐 주셨어요. 할머니는 나에게 명언들을 이야기해 주셨고, 시를 사랑하라고 가르치셨어요. "훌륭한 명성은 사람보다 오래 남는다." 할머니가 해 주신 주옥같은 말들이 지금도 떠올라요. 우리 가족이 정말 자랑스럽습니다.

– 마르바 콜린스, 시카고 마르바콜린스 사립고등학교 설립자

나와 형제들은 중고등학교 시절 부모님과 큰 마찰을 빚은 적이 없습니다. 이렇다 할 반항이 없었다고 봐야지요. 우리는 모두 목표를 향해 나아갔고 독립적이었어요. 그렇다고 우리가 부모님보다 더 많이 안다고 착각하던 그런 시기를 거치지 않았다는 의미는 아니에요. 다만 그런 순간에도 존경심을 잃지 않았다는 거지요.

– 앨리스 페트룰리스, 내과 의사

지역 사회 지도자 잔 도먼은 어렸을 때부터 예의 바른 행동은 두루 이익이 된다는 것을 배웠어요. 여덟 살 때, 잔의 아버지가 메릴랜드 주의회 하원의원으로 뽑혔어요. 잔과 형제들은 아직 어렸지만 악수하는 법, 퍼레이드에서 행진하는 법, 아버지 연설을 경청하는 법 등을 배워야 했어요. "천성적으로 저는 내향적이었어요. 하지만 상황이 저에게 그런 것을 기대했기 때문에 밖으로 나가 그런 활동들을 했어요. 그리고 그 과정에서 사회적인 자신감을 쌓게 되었지요."

보통 아이들은 슬프거나 절망하거나 화가 났을 때 가장 무례해집니다. 삐딱한 태도를 보이는 아이들(텔레비전에서든 현실에서든)을 모방하느라 멋모르고 무례한 행동을 하기도 하지요. 그러니 자신의 행동을 잘 살피세요. 말대꾸 좀 그만 하라는 말을 들을 때까지 고집을 피우지 마세요. 자기 행동을 스스로 통제할 수 있다는 자제력을 보여 주세요.

화나거나 속상하거나 슬플 때

나이를 먹고 어른이 된다고 해서 무례하게 말해도 되는 권리가 생기는 건 아니에요. 여러분이 침착하게 말할 때 상대도 여러분 말을 더 잘 듣습니다. 존중받고 싶다면 먼저 존중하세요. 분노가 치밀어 오를 때는 다음과 같은 방법을 써 보세요.

잠시 자리를 피해 혼자만의 시간을 가지세요. 방에 들어가 있거나 산책을 하세요. 낮잠을 자는 사람도 있답니다. 좀 쉬고 나면 냉정하게 생각하기가 쉬워질 거예요. 자리를 피해 혼자 있기가 힘든 상황이라면 심호흡을 하며 천천히 숫자를 열까지 세어 보세요. 나중에 후회할 말을 하기보다는 그 편이 나을 거예요.

화난 감정을 설명하세요. 이렇게 말할 수 있지요. "엄마, 너무 화가 나서 지금 이야기를 하기 힘들어요. 화를 삭이고 차분해질 때까지 시간이 좀 필요해요." 충분히 진정되었다 싶으면 화난 이유에 대해 이야기를 하자고 하세요. 먼저 대화를 시작한다는 것은 심각한 문제를 피하지 않겠다는 의지를 보여 주는 뜻이기도 하지요.

매트리스나 베개를 치세요. 너무너무 화가 나서 어떻게든 화를 터뜨려야 할 때도 있지요. 그럴 때는 샌드백을 찾아 두드리세요. 없으면 비슷한 것을 찾으세요. 깨지지도 않고 때려도 소리가 크게 나지 않는 것을 고르세요.

편지나 일기를 쓰세요. 감정을 글로 쓰다 보면, 화가 났던 일을 좀 더 객관적으로 바라볼 수 있어요. 분노를 가라앉히는 데도 도움이 되고요. 친구한테 편지를 쓸 수도 있어요. 화가 난 상대방에게 편지를 쓸 수도 있겠지요. "내 느낌을 알리려고 편지를 씁니다." 이렇게 시작해 보면 어떨까요? 분노가 가라앉고 차분해진 다음에 편지를 보낼지 찢어 버릴지 결정하세요.

애완동물을 껴안아 주세요. 동물들은 사람의 마음을 진정시켜 주곤 해요. 녀석들이 꼭 주인의 슬픔을 아는 것 같답니다. 일기에 쓰듯이 녀석들에게 감정을 쏟아낼 수도 있지요. 녀석들은 또박또박 말대

꾸도 하지 않는답니다. 그르렁대거나 얼굴을 핥으면서 여러분을 웃게 만들 뿐이지요.

부모님과 의견이 다를 때

부모님과 의견이 다르더라도(아빠라고 가정해 볼까요?) 아빠가 여러분을 포함한 모두에게 가장 좋은 일을 하려고 애쓰신다는 사실은 아마 알고 있을 거예요. 밤에 늦게 들어오지 마라, 저녁 먹기 전에 과자 먹지 마라, 필요하지 않은 물건은 사지 마라……. 이런 건 여러분이 봐도 뻔히 옳은 말씀들이에요. 사실 다툴 거리도 아니지요. "속상해요." "화나요." 이런 정도로 투정을 부릴 수는 있을 거예요. 하지만 어느 모로 보나 아빠의 결정을 받아들이는 것, 즉 존중하는 것이 백번 옳은 일이에요. 속상하긴 해도 여러분이 충분히 납득할 만한 분명한 이유가 있으니까요. 이유가 명확하게 이해되지 않으면 정중하게 물어보세요. 이해는 되지만 동의할 수 없다면, 차분한 어조로 이렇게 말해 보세요. "알았어요, 아빠. 무슨 뜻인지 이해했어요. 아빠 말씀을 들을게요. 하지만 결정하기 전에 제 말을 끝까지 듣고 진지하게 생각해 주세요. 그럼 정말 고마울 거예요." 여러분의 생각을 말할 기회가 주어지면, 필요한 말을 하고 참을성 있게 기다리세요. 제대로 설명했다면 긍정적인 답을 얻을 가능성이 높아질 거예요. 너무 보채지 말고, 부모님이 답을 하기 전에 생각할 시간을 드리세요. 여러분의 주장이 설득력이 있다면, 뜻을 이룰 수 있을 거예요.

부모님이 함께 사느냐, 따로 사느냐는 중요하지 않아요. 부모님이 서로 대립하도록 부추기지도 마세요. 아빠가 반대할 가능성이 높다고 생각해서 엄마를 먼저 찾아가는 편법을 쓰지 마세요. 이건 문제를 피하려는 태도입니다. 무례한 행동일 뿐 아니라, 부모님이 사실을 아시게 되면 두 분 다 화를 내실 테니까요!

부모님이 끝까지 여러분의 의견에 반대하신다면 그걸로 끝이에요. 부모님의 결정을 받아들이세요. 부모님에게 대들고 말다툼을 한다고 결정이 바뀌지는 않아요. 오히려 다음번에는 부모님이 여러분의 말을 제대로 들으려고 하시지 않을 거예요.

부모님과 대화하기

다음과 같은 상황이라면 어떻게 해야 할까요?

♡ 학교에서 괴롭힘을 당한다면?
♡ 친한 친구와 대판 싸웠다면?
♡ 뉴스에서 들은 내용 때문에 악몽을 꾼다면?
♡ 우연히 엿들은 자신에 대한 이야기 때문에 괴롭다면?
♡ 뭔가에 화가 난다면?

부모님을 믿고 속내를 털어놓을 수 있으면 정말 좋은 일이지만, 그렇게 하기 어려울 때도 있고, 어려워하는 사람들도 있지요. 엄마가 듣기 싫어할까 봐, 아빠가 이해를 못할까 봐, 새엄마가 너무 걱정할까 봐, 할머니가 화를 낼까 봐 무섭기도 하겠지요.

그래서 고민 끝에 "그래, 이건 아빠 엄마에게 할 이야기가 아니야"

하고 결론을 내립니다. 그러고는 친구나 언니 오빠, 햄스터, 거북이, 잉꼬, 개, 고양이 등에게 고민거리를 말하러 가지요.

하지만 친구나 언니 오빠, 애완동물이 아무리 잘 들어 준다 해도, 부모님에게 이야기하려는 노력을 포기하지 마세요! 함께 사는 어른들과 잘 이야기할 수 있다면, 앞으로 살아가며 만나게 될 다른 어른들과 더욱 잘 대화할 수 있을 거예요. 더구나 경험 많은 어른들은 유용한 조언을 해 줄 수 있어요. 어른들도 누구나 한때는 여러분처럼 어린 시절이 있었으니까요. 괴롭힘을 당하고, 무서워하고, 따돌림 당하는 것이 어떤 건지 잘 알 거예요. 부모님의 경험을 듣고 나면, 여러분의 문제가 새롭게 보일지도 몰라요. 부모님이 새로운 문제 해결 방법을 말해 줄 수도 있지요.

그런 가능성들을 생각하면서 아래 내용을 살펴보세요. 부모님과 좀 더 쉽게 대화할 수 있는 방법들을 알려 줄게요.

적절한 타이밍을 찾으세요. 엄마가 통화 중이거나 영수증을 정리할 때, 동생이 엎지른 주스를 닦고 있을 때는 엄마와 대화하기 적합한 시간이 아니에요. 이 정도는 여러분도 알고 있겠죠? 그렇다면 좋은 시간대는 언제일까요? 잠자기 직전, 엄마와 함께 학교에서 집으로 돌아올 때, 엄마와 함께 어딘가를 갈 때 등이에요. 엄마가 언제나 너무 바쁜 것 같으면 미리 약속을 하세요. 말할 것이 있다고 용건을 분명히 말하세요. 부모님(또는 다른 식구들)과 하루에 한 번, 일주일에 한 번 정도 대화 시간을 정해 놓는 것도 좋아요. 그러면 굳이 결정적인 순간을 기다릴 필요 없이 평소에 고민거리들을 털어 놓을 수 있겠지요.

말할 내용을 생각하고 준비하세요. 중요한 점은 잊어버리지 않게 메모해 둘 수도 있어요. 이런 모습을 보면 부모님도 문제가 심각하다는 것을 알고 좀 더 긴장하실 거예요. 여러분이 충분히 고민했다는 것을 간접적으로 보여 주는 행동이기도 하고요. 부모님도 좀 더 주의해서 이야기를 듣고 해결책을 궁리하는 데도 좀 더 신경을 쓰실 거예요.

용기를 내세요. 부모님과 말하기 쉽지 않은 주제에 대해 말해야 할 때도 있어요. 이럴 때 어떤 아이한테는 타이밍보다 용기가 문제가 됩니다. 말할 용기를 내기가 너무 힘든 것이죠. 그럴 때는 무엇이 그렇게 두려운지 곰곰이 생각해 보세요. 부모님과 의견이 다를까 봐 두려운 걸까? 부모님이 이해하지 못할까 봐? 아니면 얘기를 귀 기울여 듣지 않을까 봐? 듣고도 관심을 기울이지 않을까 봐? 두려움의 원인을 정확히 알아낸 뒤에는, 부모님과 터놓고 대화를 시작해 보세요. "부탁드릴 일이 있어요. 그런데 화를 내실까 봐 걱정돼요." "할 말이 있어요. 그런데 말이 끝나기 전에 아빠가 말을 자르실 것 같아서 걱정돼요." 이렇게 대화를 시작하면, 부모님도 처음부터 진지하게 집중해서 이야기를 들어 주실 거예요. 이렇게 대답하실 수도 있지요. "화를 내지 않도록 노력하마." "네 말이 끝날 때까지 듣도록 최선을 다하마." 물론 이렇게 해서 문제가 다 해결되는 건 아니에요. 그래도 부모님이 다른 일을 멈춘 뒤, 여러분 생각을 하며 여러분의 기분을 이해하려고 노력은 하실 거예요.

부모님의 말씀을 귀 기울여 듣고, 들은 내용을 깊이 생각해 보세요. 여러분이 엄마에게 말하고 있다고 생각해 보세요. 엄마가 여러분을 열린 마음으로 지켜봐 주기를 바란다면, 여러분도 그럴 필요가 있어요. 엄마 말씀을 진심으로 귀담아 들으라는 것이지요. 엄마가 말씀하시는 동안 메모를 할 수도 있어요. 그리고 나중에 다시 생각해 보는 거예요. "나도 알아요." 하면서 엄마의 이야기를 잘랐다고요? 어쩌면 그 뒤에 이어질 귀중한 조언을 놓쳤는지도 몰라요.

모든 노력이 실패하면 다른 어른을 찾아보세요. 부모님이 항상 도움이 되는 것은 아니에요. 이런 경우에는 다른 어른을 찾아 어려움을 해결할 조언을 구하세요. 할머니, 할아버지, 이모, 삼촌, 선생님, 교회 선생님, 스카우트 지도자, 상담 선생님, 친한 친구의 부모님 등, 주변에는 많은 어른이 있어요. 직접 도와주지 못하면 도움이 될 만한 다른 사람을 추천해 줄지도 몰라요. 어쨌든 믿을 만한 어른을 찾아보세요. 반드시 믿을 만한 어른이어야 해요. 인터넷에서 만난 사람을 포함해 낯선 사람한테 고민을 말하지 마세요. 그 사람이 아무리 좋은 사람처럼 보이고 진심으로 여러분한테 관심이 있다고 말한다고 해도요.

언니 오빠의 뒤를 따르거나 또는 새로운 길 가기

마샤 아론즈는 학창 시절 수학 수업 첫날을 항상 두려워했어요. "교실에 들어가면 선생님이 '네가 찰리 아론즈의 동생이니? 찰리는 정말 대단한 학생이었지! 너도 그렇게 똑똑할 거라고 믿는다' 하고 말씀하셨거든요."

결국 마샤는 학창 시절 내내 수학 공부를 피했고 과학도 마찬가지로 싫어했어요. 마샤는 오빠와 정면으로 경쟁해야 하는 그런 과목을 아예 가까이 하지 않았지요. 다행히 마샤는 오빠가 우수한 성적을 내지 못한 몇몇 과목을 잘했어요. 마샤가 음악과 관련된 일을 하게 된 데는 그런 영향도 컸지요.

엄마와 언니는 굉장한 미인이었어요. 아빠와 오빠도 아주 미남이었지요. 나는 내 외모가 가족들에 비해 한참 못 미친다고 생각했어요. 그래서 제가 못생겼다고 믿었지요. 하지만 지금 생각해 보면 나는 그저 평범한 얼굴이었어요. 엄마는 이렇게 말씀하시곤 했지요. "베키는 얼굴이 예쁘고 앤은 머리가 좋아." 나는 이 말을 이렇게 해석했지요. "넌 똑똑하지만 썩 매력적이진 않아. 그러니 공부를 하는 게 낫지." 하지만 그런 비교에서 가장 피해를 본 사람은 오히려 언니였습니다. 언니는 나만큼 똑똑했고 창조적 재능도 풍부해서 글을 무척 잘 썼어요. 하지만 가족들은 아무도 언니가 똑똑하다고 생각하지 않았죠. 결국 언니는 자기가 가진 능력보다 훨씬 못한 성적을 냈고 대학에도 가지 않았어요.
– 앤 카를로스, 심리학자

저는 다섯 남매 중에 둘째로 태어났어요. 어렸을 때 언니가 류머티즘열을 앓아서 많이 아팠어요. 어머니는 저에게 언니 돌보는 일을 도와달라고 하셨어요. 그래서 저는 어려서부터 언니의 간호사 역할을 했어요. 결국 다른 사람을 돌보는 일을 하게 된 것은 그 때문이 아닌가 싶어요. 제 밑으로는 남동생 둘과 여동생 한 명이 있었어요. 우리는 자라는 동안 서로를 돌보았고 지금도 가깝게 지냅니다.
– 자넷 아이브즈 에릭슨, 매사추세츠 종합병원 간호국 국장

그런데도 마샤는 대학 입학시험에서 우수한 수학 점수를 받았어요. 사실 생각보다 수학을 잘했던 것이지요. 그제야 마샤는 노력만 했다면 수학 성적을 올릴 수 있었다는 사실을 깨달았습니다.

물론 같은 과목을 언니나 오빠만큼 잘해야 한다는 원칙은 없어요. 하지만 노력도 해 보지 않고 무조건 도망다닐 필요도 없지요. "오빠만큼 잘하지 못하면 멍청이로 보일 거야" 하고 생각하기보다는 "오빠는 이 과목을 정말 잘했어. 우리 집안사람들은 이쪽에 재능이 있나 봐. 어쩌면 나도 잘할 수 있을 거야" 하고 긍정적으로 생각해 보세요. 정말 그럴 수도 있잖아요? 결과는 해 봐야 아는 거니까요.

첫째, 가운데, 막내

형제자매 중에서 맏이인지, 막내인지, 중간인지는 사람에게 큰 영향을 미친다고 해요. 형제자매의 수도 영향을 준다고 합니다. 맏이는 책임을 지는 위치를 편안하게 받아들이는 경향이 있다고 해요. 그러니 여러분이 맏이라면 가끔 어린 동생들에게 책임을 맡겨 보세요. 막내는 사교적이고 창조적이라고 합니다. 여러분이 막내라면 혼자 있는 시간을 갖도록 노력하세요. 가운데 아이들은 자신이 찬밥 신세라고 느끼는 경우가 많아요. 여러분이 가운데 아이라면 자신의 관심사와 성취에 집중하세요. 그리고 부모님의 시간과 관심이 필요하면 부모님에게 솔직하게 말하세요. 외동아이는 독립적이고 혼자 있는 것을 좋아하는 경향이 있어요. 그러니 외동이라면 너무 외톨이가 되지 않게 조심하세요. 가능하면 사촌이나 다른 친척들과 친해지려고 노력하고, 적극적으로 친구를 사귀세요.

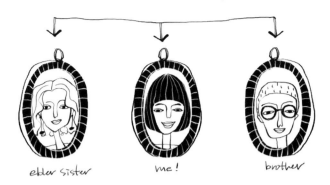

elder sister   me!   brother

여자 아이들만 있는 가정에는 흔히들 '남자 애 같다'고 하는 여자 아이가 있게 마련이지요. 여러분이 그런 아이라면 언니나 여동생보다 모험과 경쟁을 즐기고, 물건을 잘 고치고, 방이 좀 더러워도 신경 쓰지 않을 거예요. 반면에 남자 형제에 둘러싸인 외동딸이라면 리더가 되려고 노력해야 해요. "이번에는 내가 모닥불에 불을 붙일 차례야, 아이작." "데이비드, 와서 밥상을 차려. 난 어제 했으니까." 이렇게 말하는 법을 배워야 해요.

'아이캔걸'로서 권리를 당당하게 선언하세요. 남자 형제들이 역시 만만치 않은 '아이캔보이'들이라고 해도요.

> 나는 자매만 다섯인 집에서 자랐어요. 아들이 없었기 때문에 아버지는 아들과 했을 법한 그런 활동들을 나와 같이 했지요. 아버지는 나에게 엔진을 고치는 일, 바퀴 베어링을 조이는 일, 집안 수리 등을 돕게 했어요. 이런 아버지 덕분에 저는 고등학교에서 전기 관련 수업을 받기도 했지요.
> - 안젤라 샌즈*, 공인 간호사

chapter 9 | 모든 것은 가족으로부터 |

내 이름은 레이첼이고 삼 남매 중 둘째예요. 맏이인 캐리 언니는 정말로 똑똑해서 모든 과목에서 우등반에 들어갔지요. 그리고 남동생 샘이 있어요. 샘은 유치원에도 안 들어갔지만 읽기, 덧셈, 뺄셈을 할 줄 알아요. 동생도 항상 똑똑하다는 말을 듣는 아이지요.

그래서 선생님이 내가 수학 우등반에 들지 못했다고 했을 때, 나는 내가 언니와 남동생만큼 똑똑하지 않다는 결론을 내렸어요. 그런데 이상한 것은 내 수학 성적이 무척 좋았다는 거예요. 부모님은 깜짝 놀랐지요. 놀란 엄마가 선생님에게 물었지요. "수학 성적이 이렇게 좋은데 왜 수학 우등반에 들어갈 수 없나요?" 선생님은 그 점수는 내 실력이 아니라 운이 좋아서 받은 거라고 생각한다고 대답했어요. 수학 시간이면 벙어리가 된 기분이었던 나는 선생님 말에 동의했지요. 하지만 엄마가 밀어붙인 덕분에 선생님은 나에게 얼마 동안 우등반에서 공부할 기회를 주겠다고 했어요. 말하자면 시험 기간이었지요. 하지만 나는 우등반에 가고 싶지 않았어요. 무척 어려운 내용을 배울 테니 금방 포기할 거라고 생각했지요. 가끔은 과제조차 제출하지 않았어요. 그럴 땐 F를 받았지요. 시험에서는 B나 C를 받았어요. B와 C는 우수한 성적은 아니었지만, 엄마가 나를 수학을 못하는 아이로 결론짓고 포기할 정도로 나쁜 성적도 아니었지요. 나는 내 태도가 문제라는 생각은 하지 않았어요. 오히려 괜히 점수만 높아서 부모님이 내 진짜 실력을 보지 못하는 거라고 생각했죠. 나는 부모님이 생각하는 만큼 수학을 잘하는 아이가 아니었어요.

엄마가 저를 심리학자인 실비아 림 박사님에게 데리고 갔어요. 선생님은 학교생활에 어려움이 있는 영재들을 전문적으로 치료하는 분이었지요. 나를 테스트한 선생님이 부모님과 같은 의견을 내서 나는 깜짝 놀랐어요. 선생님은 내가 뛰어난 공간지각력을 가졌으며 이런 아이는 어려운 고급 수학에도 잘 적응한다고 말했습니다. 모두 내가 똑똑하다고 한다면, 그게 사실일지도 모른다고 생각하기 시작했어요. 그래서 공부를 좀 더 열심히 해 보기로 마음을 먹었지요.

신기하게도 공부를 하자마자 성적이 조금 올랐어요. 머지않아 쪽지 시험에서 90점, 100점을 받았고, 정기 시험에서도 95점을 받았어요. 우아! 내가 그렇게 똑똑할 거라고는 생각조차 못했어요. 언니와 남동생은 머리가 좋고, 나는 사교적인 아이라고 생각했죠. 이제는 내가 정말로 똑똑한 아이일 수도 있다고, 시험 성적이 운이 아니라 실력이었을 거라고 생각해요. 사실 운이라는 것 자체가 스스로 만들어 가는 것 같기도 하고요. 언니와 남동생이 집안에 똑똑한 아이가 한 명 더 있는 걸 싫어하지 않았으면 좋겠네요.

- 레이첼

가족과 함께 배우고 성장하는 비결

- 여러분과 식구들이 서로에게서 얼마나 많은 것을 배우는지 생각해 보세요. 더 많은 것을 배울 방법을 생각해 보세요.

- 다른 사람을 가르칠 때는 참을성을 갖고 격려해 주세요. 여러분을 가르치는 사람에게도 참을성을 갖고 격려해 달라고 요구하세요.

- 가족 모두를 존중하세요.

- 가족들에게 말하고 행동할 때 여러분이 얼마나 성숙한 인격체인지 보여 주세요. 가족의 존중을 받고 좀 더 자유를 누리는 데 도움이 돼요.

- 가족에게 말해야 할 중요한 문제가 있을 때는 시간, 장소, 방법을 잘 선택하세요. 그러면 상대방이 여러분의 이야기에 좀 더 귀를 기울일 거예요.

- 언니, 오빠, 또는 다른 식구들이 간 길을 반드시 따라갈 필요는 없어요. 그렇다고 해 보지도 않고 지레 피할 필요도 없지요. 무엇보다 여러분한테 맞는 것을 선택하세요.

목표를 향해 뛰어라!

과거에는 많은 사람이 여성이 할 일은 결혼해서 아이를 낳는 것뿐이라고 생각했어요. 여성은 직업이 필요하지 않고 자신만의 생각이나 믿음도 필요 없다고 생각했지요. 하지만 그건 옛날 일이에요. 세상은 많이 변했지요. 지금은 여성도 각자의 목표를 갖고 세상으로 나가는 것이 당연한 세상이에요. 그러므로 소녀들도 어떤 사람이 될지, 무슨 일을 할 것인지 스스로 결정해야 합니다. 자신의 미래를 스스로 결정한다는 것은 멋진 일이에요. 하지만 동시에 쉽지 않은 일이지요.

어떤 사람이 될지 결정하고, 세상에서 자리를 잡기까지는 꽤 오랜 시간이 걸릴 거예요. 인내심과 끈기를 가지세요. 비틀거리고 넘어질 일도 여러 번 있을 거예요. 하지만 가치 있는 모든 일에는 노력이 따르는 법이지요. 힘들었던 만큼 보상도 클 거예요.

목표가 있으면 자존감이 높아집니다. 목표는 공부, 운동, 예술 활동, 좋은 인간관계 만들기, 종교 생활 등 모든 일을 열심히 해야 할 이유가 됩니다. 스스로 옳다고 생각하는 일을 해야 할 이유도 되지요. 자신이 세운 목표가 있으면 과정에서 만나는 두려움도 극복할 용기가 생겨요. 피겨스케이팅 선수 미셸 콴과 사라 휴즈, 체조 선수 새논 밀러, 육상선수 메리언 존스 같은 올림픽 챔피언들을 생각해 보세요. 이들이 메달을 따기 위해 얼마나 많은 육체

적, 정신적 위험을 감수했을지 생각해 보세요. 플루트 연주자 마샤 아론즈는 어린 나이에도 몇 시간씩 연습을 했어요. 목표를 이루기 위해서였지요. 「해리 포터」 시리즈의 일러스트레이터인 메리 그랑프레는 일러스트레이터로 이름을 알리기 위해 고군분투하는 동안 가족들의 생계를 위해 웨이트리스로 일해야 했지요.

나는 여러분에게 멋진 미래를 과감하게 꿈꾸라는 이야기로 이 책을 시작했어요. 그리고 밝고 멋진 미래를 만들기 위해 어떻게 해야 하는지 구체적인 방법들을 설명했지요. 어떤 성격과 자질을 갖춰야 하는지, 어떤 사람들을 만나고 어떤 활동을 하는 게 좋은지 하나하나 훑어보았어요.

목표를 정하는 것은 정말 흥미롭고 충족감을 주는 일이라는 사실, 다른 사람과 목표를 공유하는 것이 믿기지 않을 만큼 보람된 일이라는 사실을 알게 될 거예요. 어쩌면 이것을 깨닫고 즐기는 과정이 삶인지도 모르지요. 누군가와 함께든 혼자든, 스스로 정한 목표를 이루기 위해 한 발 한 발 내딛는 동안, 여러분은 언제나 승리자입니다. 물론 여러분이 성장하고 변화함에 따라 목표도 같이 성장하고 바뀌겠지요. 그것 또한 흥분되는 일이랍니다.

미래의 모든 일이 여러분 뜻대로 되지는 않을 거예요. 하지만 '아이캔걸'이 되면 좀 더 충만하고, 행복하고, 성공적인 삶을 살 가능성이 높답니다.

여기 실은 질문들은 선생님, 부모님, 할머니, 할아버지, 다른 친척, 함께 배우는 친구, 상담 전문가, 그리고 여러분 자신에게 던질 수 있는 다양한 질문들이에요. 물론 정답이 있는 질문은 아니랍니다. 이 책에서 이야기한 내용을 좀 더 깊이 있게 고민해 보기 위해서, 친구나 다른 어른들과 토론을 해 보세요. 아래 질문들은 유용한 토론 주제가 되어 줄 거예요.

1장 과감히 꿈꿔라

1. 20년 뒤 여러분의 삶은 어떤 모습일까요? 어떤 가족과 함께 살고 있을까요? 어떤 친구들이 있을까요? 여러분과 가족, 친구들은 어떤 일을 하고 있을까요? 어느 지방에서 어떤 집에 살고 있을까요?

2. 뭔가 특별한 일을 해서 유명해지고 싶은가요? 친구 중에 유명해질 것 같은 사람이 있나요? 아는 사람이 유명인이 되는 것이 여러분한테 중요한가요?

3. 21~23쪽에 나온 퀴즈를 푼 결과는 어땠나요? 자기가 얼마나 잘하고 있는지 깨닫고 깜짝 놀랐나요? 아니면 점수에 실망했나요? 어느 쪽이든 이유는 뭘까요?

4. 자신이 '아이캔걸'이라고 생각하나요? 여러분이 아는 '아이캔걸'이 있나요? 알고 있다면 그 아이가 '아이캔걸'이 될 수 있었던 이유는 뭘까요?

5. 가난한 집에서 태어난 니디아 벨라스케스, 셸리 버클리가 국회의원이 된 사실에 놀랐나요? 놀랐다면 이유는 무엇인가요? 놀라지 않았다면 그 이유는요? 부모님이 돈이 많지 않으면 성공하기가 더 쉬울까요, 어려울까요?

본 적이 있나요? 자신을 긍정적으로 생각하려면 어떻게 해야 할까요?

3. 때로 완벽주의자처럼 행동하나요? 완벽주의자처럼 행동하는 아이들을 아나요? 완벽한 사람은 어떤 모습일 거라고 생각하나요? 그게 이룰 수 있는 목표라고 생각하나요?

4. 남자 친구나 인기에 따라 자신의 자존감이 좌우된다고 생각하나요? 나이가 들어서도 그럴 것 같나요? 외로울 때 기분 전환을 위해 하는 말이 있나요?

5. 남들이 여러분에게 못되게 굴었을 때와 여러분이 지나치게 예민하게 굴었을 때의 차이를 아나요? 다른 사람이 한 말 때문에 정말로 상처를 받았는데, 그 사람은 그저 농담을 했을 뿐 내 기분을 상하게 할 의도가 전혀 없었던 상황을 생각해 보세요. 그런 상황에 어떻게 대처하면 좋을까요?

6. 커서 세상을 좀 더 살기 좋은 곳으로 만들 방법을 생각해 본 적이 있나요? 세상을 좀 더 살기 좋은 곳으로 만들기 위해 이미 한 일이 있나요? 그렇게 하기 위해 함께 할 수 있는 일은 뭘까요?

2장 자존감을 키워라

1. 자신을 어떻게 생각하나요? 자존감이 높은가요? 보통이거나 낮은가요? 왜 그렇게 생각하나요?

2. 자신에 대해 너무 부정적이라고 생각해

3장 두뇌의 힘을 길러라

1. 독서를 좋아하나요? 독서가 스스로 똑똑하다고 생각하는 데 도움이 될까요? 독서를 많이 할수록 똑똑해진다는 생각이 들까요? 독서를 좋아한다면 좋아하는 이유

는 무엇인가요? 싫어한다면 싫어하는 이유는 무엇인가요?

2. 책을 읽고 토론하는 독서 클럽은 재미있을까요? 본문에서 독서에 대해 이야기한 아이디어 중에 독서 클럽에서 활용할 만한 것은 무엇일까요?

3. 똑똑해 보이는데 독서를 좋아하지 않는 그런 아이가 반에 있나요? 반 친구가 아니라도 똑똑하지만 책을 좋아하지 않는 아이가 있나요?

4. 전반적으로 여자 아이(또는 남자 아이)가 수학을 더 잘한다고 생각하나요? 과학은 어떤가요? 여러분은 수학과 과학이 어려운가요, 쉬운가요? 이런 과목들을 좋아하나요? 본문에서 소개한 과학과 수학 공부 방법 중에 시도해 보고 싶은 것이 있나요? 어떤 것인가요?

5. 글쓰기를 좋아하나요? 일기를 계속 쓰나요? 재미로 소설을 써 본 적이 있나요? 잡지나 신문에 시나 소설을 보낸 적이 있나요? 여러분이 쓴 글이 인쇄물에 실린다면 기분이 어떨까요?

6. 어떤 방면에서 자신이 창조적이라고 생각하나요? 여러분의 중요한 강점 즉, 재능은 무엇인가요? 좋은 생각이 떠오르면 끝까지 마무리를 짓나요, 아니면 가끔씩 중간에 막혀 끝내지 못하나요? 그렇게 되는 이유는 뭘까요?

7. "강점에 집중하라"는 말을 어떻게 생각하나요? 지금 학습 장애가 있거나 예전에 학습 장애를 경험한 적이 있다면, 그런 생각을 어떻게 적용할 수 있을까요? 장애가 있는 사람이 자신감을 얻도록 돕는 방법은 뭘까요?

8. 여러분이 최고가 되도록 도와준 특별한 선생님이 있나요? 선생님은 어떻게 여러분을 도와주었나요? 그 선생님을 특별히

좋아했나요? 좋아했다면 그 이유는 무엇이며, 좋아하지 않았다면 또 그 이유는 뭔가요?

4장 사회성을 높여라

1. 다른 사람들과 어울릴 때, 자신이 더 똑똑하다고 느끼나요? 그렇다면 그 이유는 무엇인가요? 그렇지 않다면 그 이유는 무엇인가요?

2. 친한 친구에게서 특별히 원하는 자질이나 성격이 있나요? 지금보다 인기 있는 사람이 되어 친구가 많아졌으면 하나요? 아니면 지금 있는 친구들로 만족하나요?

3. 자신이 전반적으로 친절한 편이라고 생각하나요? 좀 더 친절한 사람이 되고 싶을 때는 없나요? 좀 더 친절한 사람이 되려면 어떻게 해야 할까요?

4. 학교에 여러분을 위협하는 아이가 있나요? 있다면 어떻게 해야 할까요? 누군가 여러분(혹은 다른 아이)을 해칠 계획이라는 말을 들으면, 어떻게 할 건가요? 믿고 의지할 사람이 있나요? 그런 사람이 있다면 누구인가요?

5. 가끔 혼자서 뭔가 하는 것이 즐거운가요? 그렇다면 주로 혼자 하는 일은 어떤 종류인가요? 외롭다고 느껴본 적이 있나요? 요즘은 어떤가요?

6. 여러분은 원하지 않는데 다른 사람이 원해서 어떤 일을 한 적이 있나요? 언제 그랬나요? 여러분은 그것 말고 무엇을 하고 싶었나요?

7. 자신이 내성적인 편이라고 생각하나요, 아니면 외향적이라고 생각하나요? 내성적인 편이라면 그렇게 생각하는 이유는 무엇인가요? 외향적인 편이라면 그렇게 생각하는 이유는 무엇인가요?

8. 자신이 책임지고 앞에 나서는 리더라고 생각하나요, 아니면 무대 뒤에서 지원하는 유형의 리더라고 생각하나요? 아니면 리더를 따르는 사람이라고 생각하나요? 어떤 종류의 임무를 맡았을 때 가장 편안한가요?

5장 재능을 찾아 갈고 닦아라

1. 정말 좋아하는 활동은 어떤 것인가요? 예전에는 좋아했는데, 지금은 지겨워진 활동이 있나요? 있다면 지겨워진 이유는 무엇인가요? 예전보다 활동이 어려워졌기 때문인가요, 다른 아이들이 여러분보다 더 잘하기 때문인가요, 처음 시작할 때만큼 재미가 없기 때문인가요?

2. 참여하고 있는 활동이 너무 많은가요, 너무 적은가요, 아니면 적당한가요? 왜 그렇게 생각하나요?

3. 여자들만 참여하는 활동과 남녀가 함께 참여하는 활동에 모두 참여하고 있나요? 둘 중에 특별히 좋은 쪽이 있나요? 있다면 어느 쪽인가요? 이유는 뭔가요?

4. 졌다는 사실을 받아들이기가 어렵나요? 좀 더 대수롭지 않게 받아들이려면 어떻게 해야 할까요? 도움이 되는 조언이 있을까요?

5. 새로운 기술을 배우다가 벽에 부딪혔던 일에 대해 생각해 보세요. 그런 상황에 어떻게 대처했나요? 잘했다 싶은 일은 무엇인가요? 다르게 했으면 더 좋았을 것 같은 일은 무엇인가요?

6. 다른 사람의 부정행위를 보면 기분이 어떤가요? 부정행위를 하고 싶은 유혹을 느꼈던 때를 생각해 보세요. 그런 상황에서 어떻게 다른 사람을 속였을 것 같은가요? 자신은 어떻게 속였을 것 같은가요?

6장 세상으로 나가라

1. 가장 멀리 여행한 곳은 어디였나요? 가장 인상 깊었던 여행은 언제인가요?

2. 가족과 떨어져 혼자 또는 단체와 함께 여행을 간 적이 있나요? 있다면 그 경험에서 무엇을 배웠나요? 없다면 그런 여행이 재미있을 것 같은가요, 두려울 것 같은가요?

3. 편지나 인터넷으로 사귄 멀리 사는 친구가 있나요? 그 친구들의 생활은 여러분과 어떻게 다른가요? 어떤 면에서 비슷해 보이나요?

4. 외국인 학생이 여러분 집에서 살게 되었다고 상상해 보세요. 아니면 여러분이 사는 고장에 대한 안내 책자를 만든다고 상상해 보세요. 새로운 사람들한테 추천해 주고 싶은 장소가 있나요?

5. 세계의 어느 지역을 보고 싶은가요? 그런 곳들을 보고 싶은 이유는 뭔가요? 언젠가 그곳을 여행하기 위해 지금 할 수 있는 일은 무엇일까요?

7장 변화를 두려워하지 마라

1. 자신이 변화를 좋아하는 사람이라고 생각하나요, 아니면 변화를 피하는 사람이라고 생각하나요? 어느 쪽이든 이유는 무엇인가요?

2. 여러분의 삶에서 경험한 큰 변화는 무엇인가요? 그때 기분은 어땠나요? 돌아보면 그런 변화가 결국 여러분한테 도움이 되었나요, 해가 되었나요?

3. 이사를 해 보았나요? 이사 경험이 있다면 어려웠던 점은 무엇이고, 쉬웠던 점은 무엇인가요? 적응하는 과정에서 가장 도움이 되었던 것은 무엇인가요?

4. 친구가 집에서 속상한 일을 겪고 여러분

에게 털어놓는다고 상상해 보세요. 위로
하기 위해서 어떤 말을 해 줄 건가요? 어
려운 시기를 이겨 내도록 어떤 조언을 해
줄 건가요? 여러분이 어려운 시기를 맞을
때, 스스로에게 해 주고 싶은 위로의 말은
뭔가요?

5. 나쁜 일에도 긍정적인 측면은 있다고 합
니다. 그런 긍정적인 측면을 발견하는 것
이 여러분한테는 어려운가요, 쉬운가요?
나쁜 일이 일어났을 때, 긍정적인 측면을
쉽게 발견하려면 어떻게 해야 할까요?

8장 역할 모델과 멘토를 찾아라

1. 여러분의 주변, 텔레비전, 영화, 책 등에
서 커서 닮고 싶은 어른을 떠올려 보세요.
어떤 점을 존경하나요? 이제 닮고 싶지
않은 사람을 떠올려 보세요. 어떤 점이 마
음에 들지 않나요?

2. 역할 모델이나 멘토가 지금보다 많이 필
요하다고 생각하나요? 그렇게 생각하는
이유는 뭔가요?

3. 삶의 어떤 영역에서 멘토가 필요하다고
생각하나요? 이유는 무엇인가요?

4. 자신이 다른 사람(예를 들면 어린아이)에
게 좋은 멘토가 될 거라고 생각하나요?
멘토가 되고 싶은가요? 되고 싶다면 이유
는 무엇인가요? 되기 싫다면 이유는 무엇
인가요?

5. 가까운 누군가가 한 행동이나 말 때문에
스스로를 변화시킨 적이 있나요? 있다면
그 전에는 어땠고, 그 사람은 여러분의 변
화를 끌어내기 위해 어떤 말 혹은 행동을
했나요?

9장 모든 것은 가족으로부터

1. 호기심이 생길 때, 가족 중에 누구한테 가
장 먼저 물어보나요?

2. 함께 사는 어른들에게 이야기하는 것이
어려운가요? 어렵다면 이유는 무엇인가
요? 어렵지 않다면 그 이유는 무엇인가
요? 어떻게 하면 어른들과 말하기가 쉬워
질까요? 품고 있는 생각을 말하기 싫을
때 여러분은 어떻게 하나요?

3. 여러분 가족의 어떤 면이 가장 자랑스러
운가요? 가족 때문에 창피했던 적이 있나
요? 있다면 언제, 무엇 때문이었나요? 그
런 감정을 다스리는 데 도움이 된 것이 있
나요?

4. 형제자매가 있나요? 있다면 서로 어떻게
지내나요? 서로 심술궂게 대하나요, 상냥
하게 대하나요? 형제자매를 질투해 본 적
이 있나요? 형제자매들과 사이좋게 지내
려면 어떻게 해야 할까요? 형제자매가 없
다면, 형제자매가 있는 아이들을 질투한
적이 있나요?

5. 형제자매 중에 누군가가 잘하는 일이라서
일부러 안 하려고 한 적이 있나요? 있다
면 형제자매만큼 잘하지 못할 것 같아서
였나요? 다른 어떤 이유가 있나요?